Einblick ...

Fenster zum Tal –
Ein Blick auf bergische Unternehmen

Band 2

Weitere Informationen über den Unternehmensbuilder e. V. in Wuppertal unter:
www.unternehmensbuilder.de

Bibliographische Information der Deutschen Bibliothek
Die Deutsche Bibliothek verzeichnet diese Publikation in der Deutschen Nationalbibliographie;
detaillierte bibliographische Daten sind im Internet über http://dnb.ddb.de abrufbar.

Herausgeber:
Unternehmensbuilder e. V. | c/o Agentur Simon | Lise-Meitner-Str. 1–3 | 42119 Wuppertal

Titel:
Fenster zum Tal – Ein Blick auf bergische Unternehmen

Koordination:
Christa Beckers, www.organisation-im-buero.de
Bertram Simon, www.agentur-simon.de

Lektorat und Vorwort:
Rita Herweg M. A., www.text-und-training.de

Satz und Layout:
Natascha Niesner und Barbara Huber, atelier n&h | visuelle kommunikation, www.atelier-nh.de

Presse- und Öffentlichkeitsarbeit:
Anke Seibel, A.S. marketing impuls, www.marketing-impuls.de

Fotos:
Umschlag: www.istockphoto.de
Innenseiten: www.aboutpixel.de

Herstellung und Verlag:
Books on Demand GmbH, Norderstedt

Printed in Germany
ISBN-13: 978-3-8370-3120-1

III. Unternehmensbuilder –
Ein Blick auf den Verein und die Akteure dieses Buches

I. Vorwort

Ob du denkst, du kannst es, oder du kannst es nicht:
Du wirst auf jeden Fall Recht behalten.   *Henry Ford*

Liebe Leserin, lieber Leser,

das Fenster zum Tal eröffnet Ihnen zum zweiten Mal einen Blick auf bergische Unternehmen – oder besser: einen Blick in bergische Unternehmen.
Wer Band 1 – erschienen in 2006 – kennt, weiß, dass das Fenster zum Tal
ein Leitfaden der besonderen Art ist: erfrischend anders, absolut praktisch,
vor allem aber sehr persönlich.

Der Unternehmensbuilder e. V. hat diesen Leitfaden aus einem sehr ein-
leuchtenden Grund ins Leben gerufen: Es ist nicht immer leicht, ein Unternehmen erfolgreich zu führen. Um die Leichtigkeit zu bewahren, erzählen
die Autorinnen und Autoren dieses Buches von ihren persönlichen Erfahrungen, von ihrer individuellen Art im Umgang mit den Dingen des Alltags,
von ihrer Motivation, ihrer Philosophie. Die Beiträge sind so verschieden
wie Menschen verschieden sind. Was alle verbindet und was letztlich den
individuellen Erfolg ausmacht, ist die Begeisterung und Leidenschaft für
das eigene Thema. Die tiefe, innere Überzeugung, das Richtige zu tun.

Das Fenster zum Tal soll anregende Lektüre sein, es vermittelt Ideen und
Sichtweisen, es veranschaulicht ein Spektrum der Vielfalt, es erzählt vom
Unverzichtbaren, von Talenten und persönlichem Stil, von (vermeidbaren)
Fehlern, von individuellen Wegen, von Erfahrungen und Visionen. Das
Fenster zum Tal will Mut machen, dem intuitiven Wissen zu folgen und
den Schritt zu wagen. Aber genauso will es unterstützen, durchzuhalten
und den eigenen Idealen treu zu bleiben. Auch wenn das – zugegeben –
nicht immer ganz leicht ist. Auch davon erzählt dieses Buch.

Seien Sie neugierig, profitieren Sie vom Wissen und von den Erfahrungen anderer. Selbstverständlich können Sie die Kontaktdaten, die bei jedem Artikel stehen, gern für den persönlichen Kontakt nutzen. Die Autorinnen und Autoren dieses Buches öffnen das Fenster zu ihrem Unternehmen – und gern auch ihr Ohr für weitergehende Fragen.

In diesem Sinne wünsche ich Ihnen eine erkenntnisreiche Lektüre!

Bertram Simon
1. Vorsitzender des Unternehmensbuilder e.V.

II. Unternehmen

Christa Beckers | Organisation im Büro | Oelingrath 24 | 42855 Remscheid |
Telefon 0202. 49 66 - 9 62| beckers@o-i-b.de | www.organisation-im-buero.de |

Organisationsberaterin – kein Beruf, sondern Berufung. Strukturen schaffen – innen wie außen –,
das hat mich in meinem Leben immer begleitet. Seit 2000 berate ich Firmeninhaber, Führungskräfte
und Mitarbeiter zum Thema Büro-, Zeit- und Prozessmanagement. Bei den Beratungen hat dabei
nicht die reine Vermittlung der Methoden Vorrang, sondern die individuelle Anpassung der Theorie
an die Person. Es gibt kein System, das man überstülpen kann. Nur durch intensive Beschäftigung
mit den Menschen und ihren Bedürfnissen findet jede und jeder die geeignete Form des Selbst-
managements.

Die Kosten von Unternehmer-Zeit

Wie bringe ich Existenzgründerinnen und Existenzgründern das Thema
Zeitmanagement näher? Eine Organisation bat mich, zu diesem Thema
einen Vortrag speziell für Existenzgründer und Jungunternehmer zu halten.
Das habe ich sehr gern getan, denn zu einem organisierten Büro gehört
immer auch die Organisation der Zeit. Zeit – und damit Zeitmanagement –
ist im Bereich der Büroorganisation wichtiger Bestandteil meiner Beratungen
und meiner Arbeit als Dozentin. Darüber hinaus ist das Thema Zeit auch für
mich persönlich ein zentrales Thema. Denn als Familienmanagerin – Mutter
von 3 Kindern, Hund, Haushalt – mit ebenfalls selbständigem Lebensge-
fährten weiß ich, wovon ich rede.

Zeit-Management

Für mich besteht ZEIT – MANAGEMENT im wahren Wortsinn aus zwei
Teilen. Zum einen das Thema ZEIT. Denn Zeit ist Leben – und ohne Leben
gibt es keine Zeit. Menschen, die meine Seminare besuchen, sind immer
wieder überrascht, welch große Auswirkungen es auf das eigene Leben
haben kann, sich mit Zeit sparen, Zeitgewinn, gefühlte Zeit, verlorene Zeit
und den eigenen Zielen auseinanderzusetzen. Für Existenzgründer und
Unternehmer sind die Ziele ihrer Zeit ziemlich klar: Geld verdienen, das
Unternehmen auf den Markt bringen, die Zukunft sichern.

Zum anderen das Thema MANAGEMENT. Das steht auch für mich an zweiter Stelle. Denn nur wenn ich weiß, wie ich mit der mir zur Verfügung ste-
henden Zeit umgehen möchte und wie ich meine Aufgaben sinnvoll einteile, kann ich meine Zeit managen. Und für Unternehmerinnen und Unternehmer kommt eine Menge an unterschiedlichsten Aufgaben zusammen.

Das magische Dreieck der Aufgabenplanung bringt es auf den Punkt:

Jeder Aufgabe gehen die folgenden Fragen und Entscheidungen voraus:

+ Habe ich genug **Zeit**, um die Aufgabe rechtzeitig fertigzustellen? Dazu sollte ich natürlich zuerst wissen, wie viel Zeit diese Aufgabe in Anspruch nehmen wird. Weiß ich das im Vorfeld? Und habe ich einen Plan, wann die Aufgabe am besten zu erledigen ist?
+ Habe ich das **Wissen**, um diese Aufgabe zu bewältigen? Sind mein Wissen und meine Sachkenntnis ausreichend?
+ Sind die verursachten **Kosten** gerechtfertigt, um die Aufgabe zu lösen? Stehen Kosten und Nutzen in einem gesunden Verhältnis zueinander?

Ein typisches Beispiel aus dem Bereich der Existenzgründung ist die Frage nach der – meist ungeliebten – Buchhaltung. (Außer Sie planen eine Selbständigkeit als BuchführungshelferIn oder SteuerberaterIn.) Der Gedankengang ist folgender: Das bisschen Belege sortieren, das kann ich selbst. Buchen, da kann ich mich aus, das mache ich auch selbst. Die Kosten kann ich mir sparen. – Doch überlegen wir mal gemeinsam:

ZEIT – Habe ich genug Zeit für diese Aufgabe? Die Belege sortieren, dem Kontoauszug zuordnen, vorkontieren (hier fängt bereits der Bereich WISSEN an), eine Struktur für die Belege erstellen. (Kennen Sie eine solche Struktur bereits? Wenn ja: prima. Wenn nein: wann erstellen Sie diese Struktur?) Wenn Sie diese Aufgabe nicht abgeben möchten, sollten Sie sich darüber im Klaren sein, dass es bei einer Existenzgründung eine Grundvoraussetzung ist, sofort eine fundierte Buchhaltung aufzubauen. Denn sonst bleibt genau diese Arbeit oft ein, zwei, drei Monate liegen und dann … Versäumniszuschläge beim Finanzamt kosten viel Geld!

WISSEN – Wie ist das mit der 1%-Regelung beim Fahrzeug? Wie viel Prozent der Bewirtungskosten muss ich als Eigenanteil abziehen? Kennen Sie den neuesten Stand der Abschreibungsregelung bei den geringwertigen Wirtschaftsgütern? Wenn Sie sich diese Informationen zusätzlich holen oder aneignen müssen, müssen Sie dafür ZEIT investieren, die Sie auch in Ihre KOSTEN einkalkulieren sollten. Aus der Buchhaltung resultiert noch ein wichtiger WISSENsbereich: das eigene Controlling. Nur wer weiß, wo er finanziell steht, kann sein Unternehmen zukünftig in die richtige Richtung steuern.

KOSTEN – Kennen Sie Ihren persönlichen Stundensatz? Wissen Sie, wie viel eine Stunde Ihrer persönlichen Unternehmer-Arbeitszeit kostet?

Ihr Einkommen pro Jahr	Bei 8 Arbeitsstunden / Tag kostet 1 Stunde	Bei 4 Arbeitsstunden / Tag kostet 1 Stunde
20.000 €	11,90 €	23,81 €
50.000 €	29,76 €	59,52 €

Fazit: Wenn Sie pro Monat für die eigene Buchhaltung 6 Stunden benötigen, kostet Sie das zwischen €71,40 und €357,12 monatlich. Können Sie sich das leisten? Was kostet eine Steuerberaterin für diese Leistung? Und könnten Sie diese Stunden nicht besser für Akquisition oder Netzwerkarbeit nutzen und Ihr Unternehmen damit vorwärtsbringen?

Gerade in der Startphase der Existenzgründung, in der Sie vermutlich viel Neuland betreten, sind die Entscheidungen, welche Aufgaben Sie selbst übernehmen und welche Sie erledigen lassen, nicht immer leicht zu treffen. Doch aus eigener Erfahrung empfehle ich Ihnen, immer den eigenen ZEIT-Aufwand für eine Aufgabe mit dem entsprechenden KOSTEN-Aufwand zu vergleichen. Dann sehen Sie klarer. Und dann fällt manche Entscheidung 1. leichter und 2. langfristig Gewinn bringender aus.

Und jetzt dürfen Sie raten: Putze ich mein Haus selbst oder nutze ich diese wertvolle Zeit für bestehende und neue Geschäftskontakte?

© www.act4u.de

Alexandra Bernhardt | Studio P3 Pilates. Physiotherapie. Prävention. | Hermann-Enters-Straße 1 | 42287 Wuppertal | Telefon 0202. 2 54 54 75 | www.StudioP3.de |

Alexandra Bernhardt, Jahrgang 1974, leitet im Studio P3 Pilates. Physiotherapie. Prävention. ein Team von Therapeutinnen und Therapeuten mit gemeinsamer Basis der Physiotherapie, Pilates und unterschiedlichen Spezialisierungen. Das Angebot umfasst sowohl die akute ärztlich verordnete Heilbehandlung als auch eigenverantwortliche Präventionsleistungen, Kurse und Massagen.

Vom Beginn des Rechnens. Oder: Sag niemals nie!

Die ganze Geschichte meiner Selbständigkeit begann damit, dass ich dachte: Ich mach mich niemals selbständig. Doch maximale Unzufriedenheit im Angestelltenverhältnis und die plötzliche Chance, es doch zu tun, ließen mich allen Mut und alles Geld zusammennehmen und es wagen. Ich unterschrieb den Mietvertrag für eine 140 qm große Fabriketage und machte mich als Physiotherapeutin mit einem Pilates-Studio selbständig. Pilates war und ist für mich die geniale Methode, mit deren Hilfe ich Menschen von ihren (vornehmlich Rücken-) Schmerzen befreien möchte.

Meine Angebote bestanden zunächst aus Kursen, Einzeltrainings und Massagen, jedoch alles auf Selbstzahlerbasis, denn mit den Krankenkassen wollte ich nie wieder etwas zu tun haben. Im Wandel unseres Gesundheitssystems ist es erforderlich und absolut unvermeidlich, dass jeder Mensch Geld für seine Gesundheit, seinen Körper und sein Wohlbefinden ausgibt und wir weggehen müssen von der Vollkasko-Mentalität, bei der die Kasse alles bezahlt. Auf dieser Idee basiert das Studio P3 Pilates. Physiotherapie. Prävention.

Ich wollte weg von den miefigen Physiotherapie-Praxen mit Linoleumböden, hektischem zwanzig-Minuten-Behandlungsrhythmus und kniepigen Vorgesetzten. Nie wollte ich jeden Euro zweimal umdrehen und jede Leistung direkt in Gewinn umrechnen, sondern meine Arbeit tun und Menschen helfen, die gerne bereit sind, ihre Zeit und ihr Geld in die eigene Gesundheit zu investieren. Es sollte schön aussehen bei mir, gut tun und Spaß machen. Ich investierte viel Zeit und Geld in die Gestaltung der Räume, denn die Kundinnen und Kunden sollten von dem außergewöhnlichen Ambiente ebenso profitieren wie von der Behandlung oder den Pilates-Sitzungen. Und mit dieser beinahe schon selbstlosen Einstellung eröffnete ich im Oktober 2006.

Die Kunden kamen und kamen und es lief gut an. Zwar lag ich hinter meinen Erwartungen, doch das störte mich nicht sehr, schließlich wollte ich mich in erster Linie selbst verwirklichen und den Patienten und Kunden Gutes angedeihen lassen. Eine Geschäftsfrau war ich nicht. Wollte ich ja auch nie sein! Ich bin Therapeutin, und Therapeutinnen und Therapeuten sind in erster Linie dazu da, anderen zu helfen, und das ohne finanziellen Gewinn. Diese Art zu denken war in meinem Kopf – und ebenso in den Köpfen vieler Menschen, so dass ich am Ende eines Beratungsgespräches geradezu verschämt oder bedauernd anmerken musste: Ja, diese eineinhalbstündige Sitzung, das Training, die Behandlung kostet Geld.

Dann wurde unser Sohn geboren, nur ein Jahr nach Eröffnung des Studios, und ich war plötzlich nicht mehr nur für mich selbst verantwortlich mit dem, was ich tat und was ich verdiente. Ich musste von dem Geld, mit dem ich bis dahin immer recht unkompliziert umgegangen war, alleine meine Familie ernähren. Das Studio lief immer besser und so kam ich dazu, Kolleginnen und Kollegen zu beschäftigen. Ich wollte, dass auch sie sich wohlfühlen, motiviert sind und gut arbeiten. Also bot ich von Anfang an einen guten Lohn. Verhandlungen über den Stundensatz fielen mir schwer.

Zur gleichen Zeit stellte ich immer öfter fest, dass doch nicht alle bereit waren, für ihre Gesundheit Geld auszugeben und dass ich einige Kunden mit größeren Problemen zunächst zu gezielter Behandlung auf Rezept wegschicken musste. Und so erlangte ich dann doch die Zulassung, mit den gesetzlichen Krankenkassen abzurechnen. Etwas, das ich für mich immer absolut ausgeschlossen hatte.

Dass man von den Kassen nicht viel Geld bekommt, war mit klar. Dass es jedoch so wenig ist, war eine böse Überraschung. All meine Ideale und Vorsätze mit langen Behandlungszeiten, Service für die Patienten, guter

Bezahlung meiner Kollegen, großzügigen Zuschüssen zu den Fortbildungen und so weiter standen plötzlich auf der Kippe. Bald merkte ich, dass mir durch finanzielle Zugeständnisse, die ich aufgrund meiner Unsicherheit, angemessene Entlohnung für meine Leistungen zu fordern, immer wieder Geld verloren ging. Hinzu kam, dass ich vor lauter Kompromissen, Extrawürsten und Einzelverabredungen den Überblick zu verlieren drohte.

Und so begann ich, die für mich schwierigste Aufgabe seit dem Beginn meiner Selbständigkeit anzugehen: eine Geschäftsfrau zu werden. Zu rechnen. Zu verdienen. Durchzusetzen, dass meine Leistungen einen Wert haben, vielleicht durch meine Qualifikationen und das Ambiente der Räume sogar etwas mehr Wert als die Leistungen anderer. Ich übte, ‚Nein' zu sagen, wenn Kunden Preise runterhandeln wollten oder sich nicht an Vereinbarungen hielten. Was in anderen Branchen völlig üblich ist, scheint im Gesundheitssystem oftmals nicht zu gelten. Niemand käme auf die Idee, im Supermarkt eine Vergünstigung zu erbitten, da er aufgrund persönlicher Probleme gerade zu wenig Geld zur Verfügung hat. Niemand käme auf die Idee, mit abgelaufener Fahrkarte doch noch zwei oder drei Fahrten zu machen, der Bus fährt ja ohnehin, ist doch egal, ob noch einer mehr oder weniger drinsitzt. Im Studio P3 war das oft der Fall. Und so lernte ich jetzt endlich, meine Bedingungen und Regeln, meine Preise und Behandlungszeiten zu vertreten, mit der gleichen Selbstverständlichkeit wie jeder andere Selbständige: Nimm es oder lass es. – Immer noch treffe ich ab und zu auf Leute, die meinen, ich ginge meinem Hobby nach und hätte etwas zu verschenken. Doch dadurch, dass ich gelernt habe, mich von Menschen dieser Art nicht unter Druck setzen zu lassen, lebt es sich viel entspannter.

Doch bei all den Veränderungen habe ich meine ursprünglichen Vorsätze beibehalten: Ich tue das, was ich gut kann, und ich tue das, was mir Spaß macht. Ich gebe mir alle Mühe, es meinen KundInnen, PatientInnen und MitarbeiterInnen schön zu machen, nehme auch Rücksicht auf private Verhältnisse und bleibe menschlich. Aber mein oberstes Ziel ist nun, Geld zu verdienen für meine Familie.

Und ich werde niemals wieder ‚Nie' sagen. Außer: Ich werde nie aufhören zu lernen, und ich werde nie aufhören, Veränderungen anzunehmen.

© kowalanka

Dipl. Oec. Markus Conrad, Steuerberater | Heilmann, Conrad & Partner | Möbeck 48 |
42327 Wuppertal | Telefon 0202. 74 84 60 | info@die-steuerberater.biz | www.die-steuerberater.biz
|

Heilmann, Conrad & Partner ist seit über 50 Jahren tätig in der Wirtschafts- und Steuerberatung. Wir arbeiten bundesweit mit einem Schwerpunkt im bergischen Land und bieten mittelständischen Unternehmen ein breites Portfolio an Dienstleistungen aus den Bereichen Steuerberatung, Unternehmensplanung, Kostenrechnung, Strategieberatung und Rechnungswesen.

Ist guter Rat teuer?

Als Beraterinnen und Berater werden wir von unseren (potentiellen) Kunden immer wieder mit der Frage konfrontiert, ob denn externer Rat überhaupt notwendig sei. Der Einsatz von Experten ist oftmals mit erheblichen Kosten verbunden. Der Nutzen erschließt sich nicht immer unmittelbar. Bei einer bevorstehenden Gerichtsverhandlung ist jedem klar, dass er einen guten Anwalt braucht. Im unternehmerischen Alltag sind vergleichbare Situationen eher die Ausnahme. In den meisten Fällen sind es Fragen und Probleme, die langfristig beantwortet und gelöst sein wollen, meist geht es um den Bestand und die Entwicklung des Unternehmens.

Als Wirtschafts- und Steuerberater kennen auch wir Situationen, in denen wir für unser eigenes Unternehmen entscheiden müssen, ob wir mit internen Bemühungen oder mit externem Rat besser bedient sind. Inhaltlich geht es bei uns etwa um die Fortbildung aller Mitarbeiterinnen und Mitarbeiter, juristischen Rat und unternehmensstrategische Entscheidungen bei der Einführung neuer Dienstleistungsangebote.

Im Laufe der Jahre haben wir eine Checkliste entwickelt, die uns bei der Antwort auf unsere Frage hilft: Brauchen wir externen Rat? Oder finden wir eine unternehmensinterne Lösung? Inhaltlich unterscheiden wir in dieser Checkliste in Ausschlusskriterien, Bewertungskriterien und eine Opportunitätskostenrechnung. Ein Ausschlusskriterium kann ein hoher oder gar existenzieller wirtschaftlicher Schaden sein, den ich riskiere, wenn ich eine falsche Entscheidung treffe. Ein Beispiel hierfür ist eine Patentanmeldung. Die Bewertungskriterien unfassen Einschätzungen verschiedener Bereiche, die in Summe zu sehen sind und gegeneinander abgewägt werden können. Hier geht es unter anderem um die Frage, ob und wie schnell ich mir intern oder extern passendes Wissen beschaffen kann.

Die Opportunitätskostenrechnung schließlich vergleicht die internen und externen Kosten miteinander.

Checkliste

I. Ausschlusskriterien

+ Handelt es sich um ein Problem, bei dem es per se geboten ist, jemanden ohne unternehmensinterne Scheuklappen zu Rate zu ziehen? Beispiele: Strategieberatung, Reorganisation von Arbeitsabläufen.
+ Geht es um gesetzliche Pflichten des Unternehmers, bei denen sehr hoher wirtschaftlicher Schaden entstehen kann? Beispiel: Lohnabrechnung.
+ Handelt es sich um eine Aufgabe, bei der sehr hoher oder gar wirtschaftlich existenzieller Schaden entstehen kann? Beispiele: Patentanmeldung, Markenanmeldung.
+ Ist meine Position im Unternehmen negativ davon betroffen, wenn ich falsche Entscheidungen treffe?

II. Bewertungskriterien

+ Wie viel Zeit bleibt, bis die Entscheidung getroffen werden muss?
+ Handelt es sich um ein Problem, bei dem ein einmaliger Rat benötigt wird? Oder ist permanent neues Wissen erforderlich, weil die Anforderung immer wieder auf das Unternehmen zukommt? Beispiel für einen einmaligen Rat: Entwicklung eines neuen Logos für das Unternehmen. Beispiel für permanente Anforderungen: Weiterbildung von Mitarbeiterinnen und Mitarbeitern.
+ Braucht es Erfahrung in der Anwendung des Wissens? Oder reicht die reine Vermittlung des Wissens für dessen Anwendung aus?
+ Verfüge ich über die Zeit, selbst erarbeitetes Wissen bzw. eine einmalige Beratung mit Wissensvermittlung hinterher selbst anzuwenden?

+ Wie schnell veraltet das Wissens? Beispiele: Steuerrecht veraltet sehr schnell, technologisches Grundlagenwissen veraltet nicht schnell.
+ Kenne ich passende Ressourcen, um mir das Wissen selbst anzueignen? Oder muss ich diese erst suchen?
+ Kenne ich Ressourcen, um mir guten und qualifizierten externen Rat zu beschaffen? Beispiele: Empfehlungen von anderen Unternehmern oder Referenzen des Beraters, die zu meinem Unternehmen und dem aktuellen Problem passen.
+ Gibt es für meine Fragen externe berufsständische Berater, die bei Fehlentscheidungen haften, so dass ich damit die Verantwortung delegieren kann? Beispiele: Wirtschaftsprüfer, Steuerberater, Rechtsanwälte, Patentanwälte, Statiker, Dolmetscher.

III. Opportunitätskostenrechnung

Machen Sie vor der Entscheidung eine überschlägige Opportunitätskostenrechnung. Darin stellen Sie die Kosten beider Möglichkeiten gegenüber. Zu den Kosten bei eigener Wissensbeschaffung zählen Zeiten für die Suche nach Ressourcen und deren Auswertung, der Preis für die Ressource, die Zeiten für die Anwendung des Wissens und ein Risikozuschlag für einen möglichen wirtschaftlichen Schaden bei Fehlentscheidungen. Dabei sollte nicht nur die eigene Arbeitszeit oder die der Mitarbeiterinnen und Mitarbeiter einbezogen werden, sondern auch der dadurch entgangene Gewinn. Bei externem Rat werden die Kosten für die Ressourcen in aller Regel den größten Posten ausmachen und die vom Unternehmen selbst benötigten Zeiten geringer sein. Damit einher geht aber eine Planungssicherheit, da Sie die Kosten besser kalkulieren können. Allerdings ist die Suche nach einem wirklich passenden Beratungsangebot bei komplexen Fragen – wie etwa bei strategischen Fragen oder Patentanmeldungen – ein erheblicher Faktor.

Nutzen Sie unsere Checkliste ruhig als Orientierungshilfe. Einen exakten Wert sollten Sie damit allerdings nicht berechnen. Grundsätzlich gilt für jedes Unternehmen: Fragen und Probleme möglichst früh angehen. Denn nur dann ist es möglich, solide und umfassende Antworten und Lösungen zu finden. Hohe Dringlichkeit verbunden mit hoher Komplexität und großen wirtschaftlichen Auswirkungen führen in der Regel zu überhasteten und oberflächlichen (Schein-)Lösungen. Proaktives Erkennen von Fragen und Problemen verbunden mit der gründlichen Überlegung zur Frage der internen oder externen Beratung macht guten Rat vielleicht teuer. Aber teuer ist in diesem Kontext gleichzusetzen mit wertvoll. Weil guter Rat für das Bestehen und Fortkommen des eigenen Unternehmens entscheidend ist – und sich letztlich auszahlt.

© goenz

Dipl.-Ing. Thomas Eckert | eckert-security-Management | Erich-Ollenhauer-Straße 60 | 42579 Heiligenhaus | Telefon 02056. 5 71 40 | info@drqm.de | www.drqm.de |

Meine mehr als 20-jährige Erfahrung im Projektmanagement – davon 10 Jahre im sicherheitsrelevanten Bereich IT-Security – ist die Grundlage, um kleinen und mittelständischen Unternehmen mit ganzheitlichen Lösungen im Bereich Risiko-, Geheimhaltungs-, Qualitäts- und Datenschutzmanagement zur Seite zu stehen.

Eine gute Idee!

1984 – unmittelbar nach dem Abschluss meines Studiums als Maschinenbauer – stand ich gleich vor einer großen Herausforderung: Aufbau und Betrieb eines Rechenzentrums in einem Großhandelsbetrieb. Sicher eine ungewöhnliche Aufgabe für einen Maschinenbauer, aber das war genau das Richtige für mich. Ich mag Aufgaben, die mich fordern. Und in mehr als 20 Jahren als Projektmanager – ob als Hauptabteilungsleiter in einer Gießerei, Bauleiter in einem Kraftwerk oder als Vertriebs- und Niederlassungsleiter – habe ich die verschiedensten Herausforderungen erfolgreich gemeistert. Und viel dabei gelernt.

In meiner Zeit als leitender Angestellter sagte eine Kollegin irgendwann zu mir: „Wie gut, dass du keine Papierallergie hast." – „? ? ?" Ich habe wohl ziemlich verdutzt aus der Wäsche geguckt. Und so erfuhr ich von der „Papierallergie" meiner Kollegen: Techniker verfügen in der Regel über ein immenses und komplexes Wissen. Aber sie sind selten bereit, dieses Wissen zu Papier zu bringen, komplexe Zusammenhänge und Systeme zu dokumentieren. Das heißt, sie haben einfach keine Lust auf den Papierkram. Sie haben schließlich Wichtigeres zu tun. – Ich dachte nach. Durch meine unterschiedlichsten Tätigkeiten und Aufgaben hatte ich tiefe Einblicke in strategische und betriebswirtschaftliche Abläufe gewonnen. Und wenn die Kollegen partout nicht schreiben wollen, wäre ja meine Bereitschaft, komplexe Inhalte zu dokumentieren, eine bisher ungeahnte Stärke meinerseits. – Gedacht, getan. Die Idee für meine Selbständigkeit war geboren: Dienstleistungen im Bereich Risiko-, Geheimhaltungs-, Qualitäts- und Datenschutzmanagement. Denn alle Managementsysteme haben eines gemeinsam: Wer schreibt, der bleibt. Und im Management ist wirklich viel zu dokumentieren.

Ideen haben – Ideen schützen.

Die Unternehmensgründung: Am Anfang einer Unternehmensgründung steht meist eine gute Idee. Gute Ideen sind wie junge Pflanzen, die gehegt und gepflegt werden wollen. Als erfahrener Hobby-Kleingärtner weiß ich, wovon ich rede. Das Hegen und Pflegen einer guten Idee bewegt sich im Bereich Schutz und Geheimhaltung. Aus Fehlern wird man zwar bekanntlich klug, aber es gibt Fehler, die Projekte – und im schlimmsten Fall Existenzen – gefährden können. Und diese Fehler machen nicht nur Jungunternehmer, sondern auch erfolgreiche Unternehmen. Ich rede vom unzureichenden Schutz des geistigen Eigentums. Die Medien berichten ständig von neuen Fällen von Wirtschafts- und Industriespionage. Betroffen sind längst nicht mehr nur große Konzerne. Auch kleine Unternehmen werden immer häufiger Opfer von Industriespionage. Was nützt die beste Idee oder das beste Konzept, wenn es morgen von der Konkurrenz – die meist über größere Ressourcen verfügt – umgesetzt wird. Viele Unternehmer sind davon überzeugt, dass Datenschutz und der Schutz geistigen Eigentums durch eigene Konzepte gewährleistet werden kann. Meine Erfahrungen in der Datenschutzpraxis sehen da ganz anders aus. In den meisten Fällen helfen schon einige organisatorische Maßnahmen, um eine Idee zu schützen. Wichtig ist nur, dass das Konzept für Sie passt. Wenn Sie also eine gute Idee oder ein gutes Konzept haben, das auch für die Konkurrenz von Interesse sein könnte, dann bin ich gern für Sie da. In der Praxis hilft nur vorbeugen. Denn es stellt sich nicht die Frage, ob ein Schaden entsteht – sondern wann.

Die Gesetzeslage: Diese brisante Situation hat auch der Gesetzgeber erkannt. Unternehmen sind inzwischen zur Einhaltung von Gesetzen verpflichtet – zum Beispiel Bundesdatenschutzgesetz (BDSG), Gesetz zur Kontrolle und Transparenz im Unternehmensbereich, Vertragsrecht. Sie alle haben im

Wesen gemeinsam, Schaden von Unternehmen abzuwenden und in besonders gefährdeten Bereichen ein Frühwarnsystem einzuführen. – Die Einhaltung dieser Gesetze erhöht zwar das Schutzniveau der Firmendaten, bietet den Unternehmen aber nur unzureichend eine rechtliche Handhabe beim Missbrauch von Betriebs- und Geschäftsgeheimnissen.

Das Vertragsrecht als Schutzwall: Von Gesetzes wegen – also ohne gesonderte Vereinbarung – sind Unternehmensgeheimnisse nur unzureichend geschützt. In der Praxis hat sich das Vertragsrecht zwar als Schutzwall bewährt. Für den Unternehmer aber ist die Kenntnis wichtiger juristischer Schutzinstrumente und der mit ihnen verbundenen Probleme entscheidend. Dabei ist zu unterscheiden zwischen Verträgen, die das jeweilige Unternehmen mit seinen Arbeitnehmern abschließt, und Verträgen, die es mit anderen Unternehmen – etwa Lieferanten oder Vertriebspartnern – abschließt.

Sicherungsmaßnahmen technischer und organisatorischer Art: So notwendig die angesprochenen juristischen Sicherungsmaßnahmen auch sind: Mindestens ebenso wichtig sind technische und organisatorische Sicherungsmaßnahmen, die einer unbefugten Geheimniserlangung und -verwertung entgegenwirken. Als Beispiele für technische und organisatorische Maßnahmen will ich die durch das BDSG in Anlage zu § 9 Satz 1 geforderten Maßnahmen nennen. Unter gewissen Umständen bietet sich auch die Einführung eines IT-Risiko-Managementsystems an – zum Beispiel nach ISO 27001. Auch die Verschlüsselung von E-Mails ist ein wichtiges Thema. Und was ist mit der Nutzung von Home-Offices? – Nur drei Beispiele: 1. Die Konkurrenz bekommt einen Einblick in Know-how oder Kundendaten. 2. Ein Notebook wird gestohlen und die auf der Festplatte gespeicherten Daten sind unverschlüsselt. 3. Die Kundendaten werden durch eine Havarie zerstört und es gibt keine Datensicherung für eine Rekonstruktion. – Nur wenn alle erforderlichen technischen und organisatorischen Maßnahmen ganzheitlich umgesetzt werden, erhöht das Unternehmen sein Datenschutzniveau. In der Praxis werden – meist aus Unkenntnis – Maßnahmen nur punktuell umgesetzt, die letztlich den Gesamtnutzen in Frage stellen.

„Secrecy-Governance" – das Geheimnis-Managementsystem: Nur ein effektives, den jeweiligen Besonderheiten eines Unternehmens angepasstes Zusammenspiel zwischen juristischen und technischen Maßnahmen zum Geheimnisschutz verhilft zu einem hinreichend befriedigenden Geheimnis-schutzniveau. – In vielen Unternehmen ist es sowohl aus arbeitsrechtlichen als auch aus praktischen und psychologischen Gründen allerdings nicht von heute auf morgen möglich, von einem schwachen Geheimnisschutz zu einem strengen Geheimnisschutz zu wechseln. Diese Unternehmen brauchen strategische Konzepte, mit denen sie mittel- bis langfristig ein hinreichendes Geheimnisschutzniveau erreichen. Letztlich geht es um ein gutes Augenmaß und um Fingerspitzengefühl, um ein effizientes Geheimnis-schutzmanagement aufzubauen, das technische und juristische Schutz-maßnahmen miteinander kombiniert.

© Beatminister

Barbara Fromm | Fromm und Fromm GbR | Holzschneiderstraße 2 | 42349 Wuppertal | Telefon 0202. 69 81 99 50 | bf@frommundfromm.de | www.frommundfromm.de |

Barbara Fromm ist Geschäftsführerin der Firma Fromm und Fromm GbR und Business und Life-Coach. Sie hält Vorträge, leitet Seminare und betreut seit 12 Jahren als persönlicher Coach Führungs-kräfte in allen Wirtschaftbereichen im gesamten deutschsprachigen Raum. Ihre Schwerpunkte sind die Themen Persönlichkeitsentwicklung, Stressbewältigung, Kommunikation und Umgang mit beson-deren Herausforderungen. Im Bereich Life-Coaching unterstützt sie Menschen darin, in ihrem Leben Leichtigkeit und Lebensfreude zu finden. Sie ist – gemeinsam mit ihrem Mann Michael Fromm – Autorin des Buches „Führen aus der Mitte" (J. Kamphausen Verlag).

Ich kann nicht anders – oder: Die Sonne dreht sich um die Erde.

Wie Sie Schwierigkeiten in Chancen verwandeln.

Es ist wieder einer dieser hektischen und herausfordernden Tage. Es gibt Unmengen zu tun – Ideen umsetzen, Projekte abwickeln, Probleme lösen, Krisen meistern – und das alles vorzugsweise bis gestern. Das Geschäfts-leben könnte so schön sein, wenn nicht … Das Geschäftsleben ist so schön, wenn ... – ja, wenn wir unsere Einstellungen ändern.

Jeder von uns lebt in ständiger Wechselbeziehung mit seinem Umfeld. Mitarbeiter, Kunden, Lieferanten, Bank, Freunde, Familie, wirtschaftliche und politische Parameter – all das beeinflusst uns. Oft bringen diese Para-meter Schwierigkeiten mit sich und stellen uns vor immer neue Heraus-forderungen. Leider sind wir nur in wenigen Fällen in der Lage, die Umstände direkt zu verändern. Die Kunden sind wie sie sind – die Banker auch. Was wir aber jederzeit verändern können, ist unsere Einstellung zu den Umständen und unsere Reaktion auf das, was sich uns darbietet.

Anders gesagt: Sie sind möglicherweise nicht verantwortlich für die Struk-turen und Situationen, in denen Sie sich befinden. Sie sind aber immer ver-antwortlich für die Art und Weise, wie Sie mit diesen Strukturen und Situa-tionen umgehen. Sowohl was Ihre nach außen sichtbaren Handlungen betrifft als auch was Ihre nach außen nicht sichtbaren Gedanken und Gefühle betrifft. Nicht die äußeren Faktoren entscheiden über Ihre Befind-lichkeit, nicht das Wetter, der Kunde oder die Bank, sondern ausschließlich die Art und Weise, wie Sie mit diesen äußeren Faktoren umgehen und wel-che Vorstellungen – zum Beispiel Inspiration oder Sorge – Sie daraus ablei-ten. Die Kenntnis dieser Ursache-Wirkungsbeziehung vermittelt Ihnen das sichere Gefühl, Herr der Situation zu sein. Sie sind nicht länger Opfer der Umstände, sondern Gestalter Ihres Lebens! Machen Sie sich immer wieder bewusst: Ich habe die Wahl, wie ich reagiere! Nichts kann mich wirklich aus der Bahn werfen, wenn ich es nicht zulasse!

Zugegeben: Das ist eine vollmundige Aussage, und wenn wir uns in unserem täglichen Leben umsehen, fallen uns viele Situationen ein, in denen das nicht zuzutreffen scheint. Das ist oft dann der Fall, wenn wir glauben, etwas zu müssen. Ich muss diesen Auftrag annehmen. Ich muss mich von diesem Mitarbeiter trennen. Ich muss diesem Kunden entgegenkommen. Nein, müssen Sie nicht! Natürlich hat es Konsequenzen, wenn Sie „es" – was auch immer das sein mag – nicht tun, und vermutlich sind die Konsequenzen in Ihrer Vorstellung so negativ, dass Sie lieber in den sauren Apfel beißen und zum Beispiel dem Kunden „entgegenkommen". Trotzdem bleibt es dabei: Sie müssen nicht, Sie haben gewählt, haben sich entschieden. Oftmals, um negativen Konsequenzen vorzubeugen. Also aus gutem Grund.

Wenn Sie die zentrale Aussage „Ich muss nicht!" – „Ich habe die Wahl!" zumindest als Arbeitshypothese akzeptieren können, dann haben Sie wirklich einen Sprung auf dem Weg zu mehr Freude und Gelassenheit getan.

Noch einmal: Wenn wir Ausreden suchen, wenn wir „gute Gründe" für unser Verhalten finden, die außerhalb unserer Person liegen, dann tappen wir in eine Falle: Wir geben ein Stück Verantwortung und ein Stück Handlungsfreiheit ab. Wir fühlen uns fremdbestimmt. Und wir sind dann auch fremdbestimmt, weil wir es zulassen. Lassen Sie es nicht zu! Entscheiden Sie sich stattdessen für selbstbestimmtes Handeln. Drei „Hausaufgaben" helfen auf diesem Weg.

Erstens: Machen Sie sich in Ihrem Alltag so oft wie möglich bewusst, dass Sie alles, was Sie tun – und scheint es noch so unausweichlich zu sein –, in Wahrheit freiwillig tun, weil es Ihnen als das Sinnvollste, als das kleinste Übel, als die bestmögliche Wahl erscheint. Sie haben sich dafür entschieden!

Zweitens: Nehmen Sie sich vor, ‚unbewusste' Entscheidungen – wann immer möglich und so schnell wie möglich – im Nachhinein wahrzunehmen und zu überprüfen. Das hilft Ihnen dabei, sich selbst zu beobachten und dem vermeintlichen „Ich konnte nicht anders" auf die Spur zu kommen.

Drittens: Tun Sie das alles vor allem dann, wenn Sie in Situationen sind, die Ihnen unangenehm sind und die Sie „eigentlich nicht wollen". Eigentlich wollte ich dem Kunden nicht entgegenkommen, eigentlich wollte ich nicht so viel arbeiten, eigentlich … Fragen Sie sich: Wie habe ich mich in diese Lage gebracht? An welchem Punkt hatte ich die Wahl? An welchem Punkt habe ich (unbewusste) Entscheidungen getroffen? Und mit welchen (unbewussten) Hintergedanken?

Was Sie davon haben: Wenn Sie sich klar machen, dass Sie selbst eine Entscheidung getroffen haben, dann wird Ihnen auch bewusst, dass Sie jederzeit die Möglichkeit haben, diese Entscheidung zu korrigieren oder eine neue Entscheidung zu treffen und so zumindest den Schaden zu begrenzen.

Welche Freiheit! Sie sind nicht das Opfer der Umstände, Sie sind kein äußeren Zwängen ausgelieferter Roboter, sondern ein eigenverantwortlicher, freier Mensch! Sie erleben sich wieder als selbstbestimmt – und das setzt jenes kreative Potenzial frei, mit dessen Hilfe Sie einen Ausweg auch aus der schwierigsten Situation finden werden. Und das Wichtigste: Das fühlt sich sehr, sehr gut an!

© Human

Martin Hebler | Technologiezentrum Wuppertal W-tec GmbH | Lise-Meitner-Straße 1–13 | 42119 Wuppertal | Telefon 0202. 3 17 13 - 0 | hebler@w-tec.de | www.w-tec.de |

Das Technologiezentrum Wuppertal bietet jungen Unternehmen aus allen Technologie- und Dienstleistungsbereichen ideale Bedingungen für Gründung und Wachstum. Technologiefirmen und Dienstleister arbeiten Tür an Tür. Neue Berührungspunkte und Ideen ergeben sich da wie von selbst. Seminare und Workshops bringen neue Geschäftspartner und aktuelle Themen ins Haus. Kontakte zwischen traditionellem Fachwissen und neuester Technologie werden geknüpft. Das W-tec ist ein Knotenpunkt im Netz der regionalen Wirtschaft!

Erfolgreiche Netzwerke und Kooperationen

Das Netzwerk der über 100 Unternehmen im W-tec ist einer der Gründe für die Standortwahl von Technologieunternehmen und Existenzgründern in Wuppertal. Aber wie funktionieren Netzwerke eigentlich? Warum hat ein Netzwerk gerade für junge Unternehmen diese große Bedeutung? Was ist beim Networking zu beachten? Wann endet eine Netzwerkbeziehung und wird zu einer Kooperation?

1. Was ist Networking?

Der Begriff des Networking hat mehrere Ursprünge. Da wären auf der einen Seite die Ökologie- und Alternativbewegungen, die Networking als einen Lebens- und Arbeitsstil beschreiben, der von der Partizipation aller Beteiligten, von Selbstorganisation und Selbsthilfe geprägt ist. Auf der anderen Seite steht die betriebswirtschaftliche Organisationsforschung, deren Ergebnis aus der Analyse großer Unternehmen unter anderem war, dass es neben den formellen Hierarchien eine Ebene von personenbezogenen Beziehungen gibt, auf der wichtige Entscheidungen vorbereitet und getroffen werden. Als Ergebnis einer Auswertung dieser Definitionen lässt sich festhalten: Networking beschreibt den Aufbau und die Nutzung eines Netzwerkes für einen bestimmten Zweck.

Durch Networking entstehen Netzwerke. Diese organisieren und reorganisieren sich spontan, beruhen auf persönlichen Kontakten und die zentrale Koordination ist auf ein Mindestmaß beschränkt. Ein Netzwerk ist eine lebendige Gemeinschaft, die auf einer vielfältigen Kommunikation eines jeden mit jedem beruht. Damit ist zugleich klar, dass jedes Mitglied eines Netzwerks wichtig ist. Durch Synergien oder Win-win-Situationen entstehen Gewinne, die einzelne Mitglieder – oder auch 2 oder 3 Mitglieder gemeinsam – nicht hätten realisieren können. Man kann diese Überlegung auf eine einfache Formel bringen. Ein Netzwerk ist mehr als die Summe seiner Teile. Statt 1 + 1 + 1 = 3 gilt 1 + 1 + 1 = > 3. Eine strategische Planung von Netzwerken ist möglich und manchmal auch nötig. Trotzdem gilt – wie oben schon gesagt –, dass Netzwerke sich selbst organisieren und spontan reorganisieren. Damit ist die Entwicklung eines Netzwerkes unsicher und es entsteht ein Freiraum, der die Kreativität fördert.

2. Voraussetzungen für Netzwerke

Netzwerke bilden sich spontan. Es gibt aber einige Voraussetzungen, die Netzwerken helfen, erfolgreich zu sein, das heißt, dauerhaft zu bestehen und den Mitgliedern einen echten Nutzen zu stiften. In der Literatur zu diesem Thema wird zunächst eine gute persönliche und technische Kommunikationsbasis genannt. Vorbildlich ist hier die Mailingliste des Unternehmensbuilder e.V. als Kommunikationsplattform, denn die Handhabung ist sehr einfach: Alle Mitglieder werden gleichzeitig und schnell erreicht und trotzdem wird keine Nachricht ungeprüft an die Mitglieder versendet.

Der zweite wichtige Aspekt für den Erfolg eines Netzwerkes ist das Konfliktlösungspotenzial der Mitglieder. Durch die Möglichkeiten zur spontanen Reorganisation sind Konflikte zwischen „Bewahrern" und „Veränderern" des Status quo vorprogrammiert. Eine gemeinsame Zielerklärung kann helfen, versteckte Absichten zu vermeiden. Außerdem verbessert ein hohes Maß des Wissens über die Zusammenhänge im Netzwerk das Potenzial zur Konfliktlösung. Bei diesen beiden Punkten können Organisatoren von Netzwerken unmittelbar tätig werden. Andere Faktoren liegen in der Persönlichkeit der Netzwerker und sind nicht so leicht zu beeinflussen. Es hilft natürlich, wenn die Netzwerker Vertrauen und guten Willen haben und selbstbewusst sind, wenn jeder Einzelne sensibel ist, über eine gute Fremdeinschätzung verfügt, wenn Kreativität, viel Lust am Lernen und nur ein dosierter „missionarischer" Eifer vorhanden sind.

Die dritte Voraussetzung für erfolgreiche Netzwerke sind Regeln. Und zwar vor allem über den Umgang der Menschen miteinander: Wie treffen wir Entscheidungen? Wie können wir einen Konsens finden? Wie schaffen wir ein Gleichgewicht zwischen Geben und Nehmen aller Beteiligten? Regeln sollten innerhalb der Gruppe entwickelt werden und keinesfalls zu starr sein, da sie sonst den Freiraum und damit die Kreativität gefährden.

3. Merkmale erfolgreicher Kooperationen

(Unternehmens-)Kooperationen sind mehr als ein Netzwerk, aber durch intensives Networking werden Kontakte geknüpft und jene Beziehungen vorbereitet, die zur Kooperationsbildung notwendig sind. Networking stellt somit eine Basis für erfolgreiche Kooperationen dar.

Von Kooperationen spricht man, wenn es sich um eine freiwillige Zusammenarbeit wirtschaftlich und rechtlich selbständiger Partner mit gemeinsamer Zielsetzung handelt, die längerfristig angelegt ist und bei der ein gegenseitiger Nutzen durch den Austausch von Leistungsreserven entsteht. Dabei werden zwar Funktionen aus den autonomen Entscheidungsbereichen der Partner ausgegliedert und an die Kooperation delegiert, aber außerhalb des Kooperationsbereiches bleibt es bei marktwirtschaftlich konkurrierendem Verhalten.

Der Erfolg von Kooperationen kann durch einfache Maßnahmen gesteigert werden. So sollte jeder Kooperationspartner zunächst die eigenen Stärken und Schwächen ("Selbsterkenntnis") analysieren. Wenn dann eine klare strategische Ausrichtung und Formulierung der Ziele mit Regeln der Zusammenarbeit und strengen Abrechungsregeln schriftlich in einem möglichst kurzen und klaren Vertrag fixiert werden, ist die Grundlage für eine erfolgreiche Kooperation gegeben. Die Regeln sollten vor allem für Streitfälle gelten und es sollten auch Sanktionen für einen Missbrauch der Kooperation vereinbart werden. Die Kommunikation sollte in regelmäßigen, straffen und ergebnisorientierten Sitzungen institutionalisiert werden. Soziale Kontakte der Partner

– auch in der Freizeit – und eine periodische Zufriedenheitsabfrage können die Erfolgsaussichten weiter steigern.

Abschließend bleibt festzuhalten, dass die Übergänge zwischen Netzwerken und Kooperationen fließend sind. Es gibt Kooperationen ohne und Netzwerke mit Vertrag. Es gibt starre Netzwerke und freie Kooperationen. Wer Netzwerke für überflüssig hält, der wird dem Komiker Goucho Marx zustimmen: „Es würde mir nicht im Traum einfallen, einem Klub beizutreten, der bereit wäre, jemanden wie mich als Mitglied aufzunehmen." Wer aber von den Vorteilen von Netzwerken und Kooperationen profitieren will, der hält sich eher an die programmatische Aussage des amerikanischen Unternehmers Henry Ford: „Zusammenkommen ist ein Beginn, Zusammenbleiben ist ein Fortschritt, Zusammenarbeiten führt zum Erfolg."

Netzwerke sind von Menschen gemacht und werden von Menschen beeinflusst. In den sozialen Beziehungen liegen die Würze und die Herausforderung.

© stormpic

Lioba Heinzler | RELATION-SHIP Persönlichkeits- und Unternehmensentwicklung | Wilhelmstraße 20 d | 42853 Remscheid | Telefon 02191. 46 96 36 | info@relation-ship.de | www.relation-ship.de | heinzler@moewe-seminare.de | www.moewe-seminare.de |

Expertin für Mut machende Persönlichkeits- und Unternehmensentwicklung für die gelungene Zusammenarbeit im Unternehmen. „Seit über 15 Jahren coache und trainiere ich Mitarbeiter und Führungskräfte rund um die Fragen der Leitung und Kommunikation und entwickele mit Teams Formen zur konstruktiven Zusammenarbeit am Arbeitsplatz." Das einzig Beständige im Leben ist der Wandel – wir begleiten dabei: www.relation-ship.de

10 Gebote für Führungsfrauen – denn jedes Vorbild zählt!

Familientag 1977 im Süden Deutschlands. Ich bin 14 Jahre alt, besuche mit meinen Geschwistern das Kinder- und Jugendprogramm. Alle – Frauen und Männer – setzen sich, es wird ruhig im Saal. Jemand schreitet durch die Reihen, betritt das Rednerpult. Es ist – eine Frau! Prof. Dr. Rita Süssmuth. Das war meine erste bewusste Erfahrung, dass Frauen auch in der Öffentlichkeit etwas zu sagen haben.

Noch heute mit meinen 45 Jahren steckt der Stachel in mir drin: „Das Weib schweige in der Gemeinde" – und das galt nicht nur im kirchlichen Umfeld. Es ist noch nicht lange her, dass Frauen durch Gesetze und Auflagen eingeschränkt wurden: Das Frauenwahlrecht gibt es seit 1919, ihr eigenes Vermögen dürfen Frauen seit 1958 verwalten. Das ist erst 50 Jahre her – Lebenswahrheit unserer Mütter! Wir alle haben erlebt und erleben es nach wie vor täglich: Das Männliche ist die Norm. Was so viel heißt wie: Als Frau bin ich anormal. Das kränkt. Wir Frauen lernten, mit dieser Kränkung umzugehen – und müssen es heute noch tun.

Meine Devise: Nicht jammern und klagen, sondern die 10 Gebote für Führungsfrauen leben! Unter Führungsfrauen verstehe ich Frauen, die ihren eigenen Weg gehen, die der Stimme ihres Herzens folgen. Um ihrer selbst willen, aber auch, um unseren Kindern Mut zu machen, ihren eigenen Weg zu finden. Und vor allem, um Vorbild für andere Frauen zu sein! Denn Frauen machen Dinge anders, und das ist auch gut so. Auch definieren Frauen Erfolg anders: Frauen sind erfolgreicher, wenn es darum geht, Familie und Job unter einen Hut zu kriegen. Definitionsmacht ist eine Form von Macht. Und wer sagt, dass die männliche Form die erfolgreichere ist?

Ich erlebe es regelmäßig bei meiner Arbeit: Männer gehen selbstbewusst mit ihren Defiziten um. Sie entschuldigen sich nie und machen sich nie klein. Nur von Frauen höre ich eine Äußerung wie: „Da brauche ist auch erst noch eine Ausbildung, aber dann …" Und das führt mich gleich zum 1. Gebot für Führungsfrauen …

1. Gebot: Entdecke die Möglichkeiten!
Du genügst! Was du nicht kannst, kann eine Chance sein, es anders zu tun. Oder es zu lassen und dem nicht nachzutrauern.

2. Gebot: Sei deine eigene Autorität!
Nimm deine Sehnsucht ernst! Konzentriere dich auf deine (Kern-) Kompetenzen! Beobachte den Markt und die Mitbewerber gut, suche eine Nische und mach es anders! Männer machen den Erfolg vor – schau hin und dann geh deinen eigenen Weg!

3. Gebot: Du schaffst es nicht alleine!
Such dir Verbündete! Nutze sinnvolle Netzwerke, in denen du dich gut verkaufst! Und arbeite an deinem Fanclub – damit andere dich gut verkaufen!

4. Gebot: Strukturen und Regeln entlasten!
Diskutiere nicht über Machtfragen: Es muss nicht jeder verstehen, warum du etwas so oder so entscheidest!

5. Gebot: Setze Maßstäbe – statt die anderer zu erfüllen!
Auch wenn es die ältere Generation noch immer so vorlebt: Liebsein und Gehorsamsein sind kein Lebenszweck! Wenn du wahrgenommen werden willst, vermeide die „Mädchenfalle"!

6. Gebot: Es gibt kein konfliktfreies Leben!

Versuche es gar nicht erst, es allen recht zu machen! Achte auf dein Bauchgrummeln: Auch ein nicht ausgesprochener Konflikt ist ein Konflikt. Wertschätzende Klarheit im Miteinander heißt, auch unangenehme Dinge anzusprechen! Du kannst nicht von allen geliebt werden.

7. Gebot: Entscheide!

Du hast ein Ziel! Du lässt dich beraten! Und es gibt Schlimmeres als eine falsche Entscheidung. Entscheide aktiv, statt andere oder die Umstände entscheiden zu lassen!

8. Gebot: Wer gibt, hat auch das Recht zu nehmen!

Achte auf angemessene Bezahlung! Meide Energie- und Zeiträuber. Kinder und Ehemänner sind lange nicht so hilflos, wie sie gerne tun, und können Dinge auch alleine regeln – also lass sie machen!

9. Gebot: Genieße das Erreichte!

Sei stolz auf dich! Nimm Lob an! Und erzähle deine Erfolgsgeschichten! Du wirst geschätzt werden! In der Regel wird überschätzt, was in einem Jahr möglich ist, und unterschätzt, was sich in 10 Jahren entwickeln kann – also schau öfter mal zurück!

10. Gebot: 80 Prozent reichen – oder: Perfektion weckt Aggression!

Du bist kompetent. Fertig. Also geh los und verdiene Geld damit!

Übrigens: Die „10 Gebote für Frauen in Führung" können Sie im Scheckkartenformat bei mir bestellen.

© Grenzkind

Rita Herweg M. A. | Text – Korrespondenz – Lektorat – Seminare | Obergrünewalder Straße 11 |
42103 Wuppertal | Telefon 0202. 2 80 10 80 | rita.herweg@t-online.de | www.text-und-training.de |

Rita Herweg ist seit 1996 freiberuflich in Sachen Text und Training unterwegs: Text – vom Flyer bis
zur Firmengeschichte. Korrespondenz – damit Sie gut ankommen. Lektorat und Korrektorat – damit
alles seine Richtigkeit hat. Seminare und Text-Coaching – für mehr Sicherheit beim Schreiben.
Alles nach dem Prinzip: empfängerorientiert formulieren – verständlich schreiben. Denn Lesen und
Verstehen sind idealerweise eins. Und nur was wir beim Lesen sofort verstehen, speichert unser
Gedächtnis. Alles andere behalten wir schlecht oder gar nicht. So ist das.

Schreiben ist leicht. Man muss nur die falschen Wörter weglassen.
Mark Twain

„Ich könnte das nicht!", sagte vor vielen Jahren eine Freundin zu mir.
Unregelmäßige Arbeitszeiten, Abende und Wochenenden inclusive, nicht
immer zu wissen, was Ultimo auf dem Konto ist, sich immer wieder selbst
motivieren, sich eine eigene Struktur geben, Veränderungen erkennen und
gestalten, Ziele überprüfen, selbst die letzte Instanz zu sein … Ja, sie hatte
recht. Sie könnte das nicht. Und ich? Ich genoss es! Frei und selbstbestimmt
und eigenverantwortlich zu arbeiten entspricht mir, macht mir Spaß, motiviert mich. Das Risiko, die Ungewissheit, die vermeintlichen Nachteile nehme
ich dafür gern in Kauf. So verschieden sind die Menschen.

Zugegeben, ich hatte von Anfang an gewisse Vorteile. Denn meine Arbeit
als freiberufliche Texterin, Korrespondentin, Lektorin und Trainerin ist sozusagen mein zweiter Beruf. Chronologisch betrachtet. Davor war ich Kauf-
frau, Sekretärin und Assistentin mit viel Erfahrung in Industrie und Agenturen. Das heißt, kaufmännische Struktur, betriebswirtschaftliches Denken und
Handeln, Organisation – von der Ablage über Zeitmanagement bis zur
Buchführung – waren für mich selbstverständliche Kenntnisse und Fähigkeiten. Und ich mache das alles auch noch richtig gern. Erst viel später
begriff ich, dass das eben nicht selbstverständlich ist. Und dass viele Selbständige genau daran scheitern. Schade eigentlich.

Als Freiberuflerin bin ich Einzelunternehmerin. Auch das hat Vor- und Nachteile. Die Vorteile liegen – für mich – auf der Hand: Ich bin frei. Ich gestalte
meine Inhalte und mein Unternehmen selbst. Niemand redet mir rein. Die
Nachteile: Ich bin frei. Ich gestalte meine Inhalte und mein Unternehmen
selbst. Niemand redet mir rein. – So ist das Leben. Alles hat zwei Seiten.

Als Freiberuflerin habe ich gelernt, dass die Nachteile eines Einzelunternehmens gar keine sind. Das Zauberwort: Kontakt. Ich habe gelernt, mich auszutauschen, andere um Rat zu fragen, mir Tipps, Hinweise und Meinungen zu holen. Ich habe gelernt, dass ich fast nichts mit mir allein ausmachen muss. Ich lasse mir gern mal „reinreden". Andere haben andere Erfahrungen, eine andere Sicht auf die Dinge, holen mich aus meinem Hamsterrad. Und was das Schönste ist: Sie tun das gern. Natürlich gehe ich nicht zu Hinz und Kunz. Ich suche mir die Menschen aus, denen ich vertraue, von denen ich weiß, dass sie mir konstruktive Anregungen und Feedbacks geben – und mir nicht meine Ideen klauen.

Als Freiberuflerin in Sachen Text und Training ist meine Leidenschaft für das System Sprache, für unseren Wortschatz, für Satzstruktur, Interpunktion und Funktion und Wirkung von Sprache mein A und O. Sozusagen meine Start- und Landebahn. – Schreiben hat zwar viel mit Wissen, Können und Handwerk zu tun, aber genauso viel mit Intuition, mit Menschen, mit Kommunikation. Vielleicht ist es genau das, was meinen Beruf für mich so spannend macht, was immer wieder meine Begeisterung weckt, was vertraut und gleichzeitig neu ist, mich fordert und mir doch auch leicht fällt. Mark Twain hatte schon recht: *Schreiben ist leicht. Man muss nur die falschen Wörter weglassen.*

Beruf als Berufung – oder umgekehrt

Ich war schon einige Zeit selbständig – damals noch vor allem als freie Mitarbeiterin in Marketing und Vertrieb und als Trainerin für Neue Rechtschreibung und Kreatives Schreiben –, als ich irgendwann am Schreibtisch saß und mir bewusst wurde: Du tust das, was du tust, total gern. Ich empfand das, was ich tat, nicht wirklich als Arbeit. Es machte mir überhaupt nichts aus, auch abends und an Wochenenden zu arbeiten. Die Grenze zwischen Arbeit und Freizeit hatte sich verschoben. Früher hatte ich abends und an Wochenenden oft privat geschrieben, Geschichten, Gedichte, Notizen, Briefe. Jetzt schrieb ich beruflich. Oder gab Seminare. Und bekam auch noch Geld dafür. Ich verstand: *Ich hatte meine Leidenschaft zum Beruf gemacht.* Ist das nicht toll?

Die Inhalte meiner Arbeit haben sich im Laufe der Jahre entwickelt, verändert, spezialisiert. Zum Teil aufgrund der Nachfrage. Zum Teil aus persönlichen Motiven und Interessen. Zum einen sind meine Dienste und Leistungen hoch spezialisiert, zum anderen sind sie breiter angelegt, damit ich ein gewisses Spektrum abdecke. Ich denke, es ist das richtige Maß, das – wie immer im Leben – den Ausschlag gibt. Die Balance zwischen Bauchladen und Spezialisierung.

In Sachen Text und Training habe ich mich spezialisiert – und biete gleichzeitig verschiedene Dienste und Leistungen an. Immer bin ich Expertin in Sachen schriftliche Kommunikation. Hier fühle ich mich sicher. Hier kenne ich mich aus. Damit kann ich anderen wirklich dienen. Ich arbeite nach dem Motto: Schuster, bleib bei deinen Leisten. Das hat für mich auch mit Grenzen zu tun. Und mit realistischer Selbsteinschätzung. Andere sind in anderen Bereichen spezialisiert, bieten andere Dienste an. Und das ist gut so. Wer schreiben kann, soll schreiben. Wer programmieren kann, soll programmieren. Wer verkaufen kann, soll verkaufen. Im Idealfall profitieren alle voneinander. Und wofür gibt es Spezialisten? Wer seine Grenzen kennt, ist eindeutig im Vorteil.

Wie auch immer, im Moment kann ich mit Fug und Recht sagen: Ich habe mein Ziel erreicht. Ich habe professionell mit Sprache und Schreiben zu tun, verdiene damit mein Geld – und ich arbeite frei. Ich liebe meine Arbeit. Das ist ein gutes Gefühl. Und die Frage „Habe ich meinen Beruf gewählt, weil ich mich berufen fühlte? Oder bin ich intuitiv dem Ruf gefolgt und habe daraus meine Freiberuflichkeit gestaltet?" stellt sich mir nicht mehr. Denn heute ist es fast egal, von welcher Seite ich es betrachte. Für mich ist es stimmig, wie es ist. Das, was ich tue, tue ich gern, es gefällt mir und passt zu mir. Was will ich mehr?

Der Mensch lebt nicht vom Brot allein ...

Vor vielen Jahren hat mir ein Kollege mal einen tollen Satz gesagt. Der hängt seitdem in meinem Büro (der Satz): *Ein Job muss Spaß machen oder reich machen oder berühmt machen.* Spaß macht mir meine Arbeit so gut wie immer. Reich fühle ich mich in vielerlei Hinsicht. Berühmt werde ich vielleicht noch. Denn ich bin auch – und das steht nicht auf meiner Visitenkarte – Lyrikerin. Eine brotlose Kunst. Ich weiß. Trotzdem schreibe ich Lyrik, veröffentliche regelmäßig in Anthologien (Gedicht-Sammlungen), mache Lesungen und verkaufe meine Lyrik erfolgreich auf Kunst- und Kulturmärkten. Zurzeit plane ich einen Eigenband, also ein Buch, in dem ausschließlich meine Gedichte stehen. Vielleicht ist es ja bei Ihrem Blick in das „Fenster zum Tal" bereits so weit? Mein Verleger wartet jedenfalls schon auf das Manuskript. Wünschen Sie mir viel Glück.

© Syco

Ursula Heuft | Sparkassenbetriebswirtin | Stadtsparkasse Wuppertal | Firmencenter Elberfeld | 42097 Wuppertal | Telefon 0202/ 4 88 - 56 20 | ursula.heuft@sparkasse-wuppertal.de |

Ursula Heuft ist seit 1986 angestellte Bankkauffrau bei der Stadtsparkasse Wuppertal. Vor und auch nach der Ausbildung zur Sparkassenbetriebswirtin war sie im Firmenkundengeschäft tätig. Seit dem Jahr 2000 liegt ihr Schwerpunkt auf Existenzgründungs- und Förderkreditberatung. Insgesamt beraten bei der Stadtsparkasse Wuppertal vier Spezialisten Gründungswillige und begleiten sie das erste Stück in die Selbstständigkeit.

Von der Geschäftsidee zum Businessplan.
Damit die Gründung der erste Schritt in den Erfolg ist.

Grundlage jeder Existenzgründung ist ein Konzept. Das heißt, die präzise Beschreibung von Inhalten, Zielen und Wegen. Anders formuliert: Der Businessplan ist die strukturierte Zusammenfassung aller Planungen, Strategien und Durchführungen bis zum Tag X. Der Businessplan hilft darüber hinaus der Existenzgründerin und dem Existenzgründer, sich über die eigenen Stärken und Schwächen klar zu werden.

Der Businessplan hat unterschiedliche Aufgaben: Zum einen ist er die Kalkulationsbasis und der Leitfaden des Gründers, zum anderen dient er den Kreditinstituten als Entscheidungshilfe für eine Kreditvergabe. Aus einem Konzept lassen sich auch Hinweise zu Eignung und kaufmännischem Wissen des Gründers ableiten. Aus Sicht der Kreditgeber gliedert ein Businessplan systematisch die Gründungsidee und gibt auf alle Fragen plausible, schlüssige und widerspruchsfreie Antworten. Aber in erster Linie dient der Businessplan dem Existenzgründer zur Vorbereitung seines Vorhabens. Die Gründung eines Unternehmens ist ein dynamischer Prozess. Jede Existenzgründung stellt nämlich die gesamte Lebenssituation der gründenden Person auf den Kopf.

Zu den Themen, die ein Businessplan enthalten sollte, zählen neben einer ausführlichen Beschreibung des Vorhabens auch Analysen zu Standort und Wettbewerb. Auch Branchenzahlen oder besondere Branchenkenntnisse dürfen gerne mit eingearbeitet werden. Angaben zu den geplanten Marketingstrategien sind notwendig, wenn zum Beispiel ein neuer Kundenstamm aufgebaut oder erschlossen werden soll. Häufig steht dann dort „Verteilung von Flyern". Das reicht leider nicht. Es bedarf schon einer Analyse konkreter Zielgruppen oder -personen. Auch ein Jahresmarketingplan ist gut.

Die Planung von Personal sollte ebenfalls gut durchdacht sein, da damit hohe Kosten verbunden sind. Neben den notwendigen Qualifikationen ist die Verfügbarkeit am Arbeitsmarkt zu berücksichtigen. Falls geeignete Arbeitskräfte nicht zur Verfügung stehen, sind Schulungen und Fortbildungen für das zukünftige Personal einzuplanen. Das gilt übrigens auch für die eigene Qualifikation. Neben den rein fachlichen Fähigkeiten geht es bei einer Existenzgründung aber auch um betriebswirtschaftliche und steuerrechtliche Kenntnisse sowie um Buchführungskenntnisse und rhetorische Fähigkeiten (Verkaufsgeschick).

Fester Bestandteil eines Konzepts ist der Lebenslauf mit Ausbildungsstationen und dem beruflichen Werdegang. Daraus lassen sich sowohl die fachlichen als auch die kaufmännischen Qualifikationen ableiten. Die wichtigsten Nachweise werden in Kopie beigefügt.

Das liebe Geld.

Die gesamten Planungen rund ums Geld machen einen großen Teil des Konzepts aus. Das Konzept beginnt mit der Investitionsplanung. Sie zeigt auf, wofür Geldmittel benötigt bzw. verwendet werden. Zum Beispiel Kaufpreise für Grundstücke und Gebäude, Maschinen, Geräte, Geschäfts- und Büroeinrichtungen, Fahrzeuge, Unternehmensanteile, Patente, Lizenzen, Warenlager. Hier sind alle Anschaffungen aufgeführt, die für die Aufnahme der Selbstständigkeit notwendig sind. Hilfreich ist auch, Alternativen dazustellen. Eine Alternative zum Kauf eines Fahrzeugs ist zum Beispiel das Leasing eines Fahrzeugs.

Aus den einzelnen Positionen ergibt sich ein Gesamtinvestitionsbetrag. Nun geht es um die Herkunft der Geldmittel, sprich: Woher soll das benötigte

Kapital kommen? Dass bei einer Existenzgründung auch eigenes Kapital eingebracht wird, ist obligatorisch. Daran erkennt das Kreditinstitut die Bereitschaft zur Risikoübernahme durch den Gründer. Idealerweise hat der Gründer in den vorangegangenen Jahren bereits Vermögen für seine geplante Selbständigkeit aufgebaut – neben der Alters- und Familienvorsorge.

Beim Thema Geld sollte sich der Existenzgründer intensiv mit seiner Vermögenssituation beschäftigen. Vor allem die Möglichkeit, private Sicherheiten in die Finanzierung einzubinden, bewerten Kreditinstitute positiv. Neben der klassischen Hausbankfinanzierung ist es bei vielen Existenzgründungen möglich und sinnvoll, öffentliche Fördermittel zu beantragen (zum Beispiel das KfW-Kapital für Gründung).

Der laufende Geschäftsbetrieb.

Mit der Frage, welche Absatz- und Umsatzerwartungen für das junge Unternehmen zu erwarten sind, beginnt die Planung des laufenden Geschäftsbetriebs. Maßgebend sollte dabei immer zunächst das Mengengerüst sein, das für die Abbildung einer „realen" Leistungserstellung erforderlich ist. Bei der Umsatzerwartung sind saisonale Schwankungen, Warenvorräte, Fremdbezüge etc. berücksichtigt. Besonders bei längeren Produktionsprozessen sind Zahlungsziele zu beachten. Anders formuliert: Zu welchem Zeitpunkt werden die Umsätze realisiert? Nicht zu vergessen: Auch Skonti und Rabatte wirken sich auf den prognostizierten Umsatz aus.

Nach der Kalkulation des zu erwartenden Umsatzes folgt die Planung der laufenden Kosten. Die einzelnen Kosten ergeben sich unter anderem aus den im Konzept gemachten Angaben zur Umsetzung. Kosten sind zum Beispiel Werbung, Personal, Miete. Kurzum: Die Rentabilitätsplanung ist quasi eine Gewinnermittlung bzw. Einnahmen- / Ausgabenrechnung. Daraus ergibt sich der – hoffentlich – positive Überschuss. Sinn der Kostenplanung ist es, die Tragfähigkeit des Vorhabens transparent zu machen. Häufig erwirtschaften junge Unternehmen in der Startphase zunächst Verluste. Dagegen ist grundsätzlich nichts zu sagen, aber die Verluste sollten gut begründet sein. Zum Beispiel führt der Aufbau eines neuen Kundenstamms erst mit zeitlicher Verzögerung zu einer Normalauslastung. Aus diesem Grund sollen bereits in der Planung die ersten drei bis fünf Geschäftsjahre berücksichtigt werden, um die Wachstumspotentiale und den Zeitpunkt der Gewinnschwelle darzustellen.

Die Liquidität.

Ein weiteres Thema im Gründungskonzept ist die Planung der Liquidität. Der Liquiditätsplan ist eine Geldflussrechnung, die meist die ersten 12 – 24 Monate der Existenzgründung aufzeigt. Durch eine Betrachtung der monatlichen Zahlen lassen sich saisonale Schwankungen und eingeräumte Zahlungsziele erkennen. Das ist wichtig, weil beide zu Verschiebungen beim Geldeingang führen. Im Liquiditätsplan werden alle Brutto-Umsätze aufgeführt und den monatlichen Kosten (inklusive Umsatzsteuerbelastung) gegenübergestellt. Der nicht gedeckte Kapitalbedarf wird in der Regel durch einen Kontokorrentkredit finanziert. Es bedarf also keiner zusätzlichen Kredite, um Schwankungen aufzufangen.

Der Liquiditätsplan eignet sich im laufenden Geschäftsbetrieb übrigens auch hervorragend für einen kontinuierlichen Soll- / Ist-Vergleich der Zahlen. Der Gründer kann schnell auf Umsatzrückgänge oder Kostensteigerungen reagieren.

Lust, but not least.

Ist die Existenzgründung die Übernahme eines bestehenden Betriebes, gehört selbstverständlich auch die Analyse der „alten" Zahlen und Bilanzen zum Businessplan. Getreu dem Motto „neue Besen kehren besser" ist eine 1:1-Übertragung vorhandener Zahlen auf den Erwerber nicht möglich. Zum Beispiel sollten persönliche Kontakte zu Lieferanten und Kunden nicht unterschätzt werden. Ebenso können sich Abhängigkeiten ergeben oder mit dem Wegfall mündlicher Absprachen werden neue Verhandlungen erforderlich.

Abschließend und zur Vollständigkeit werden dem Businessplan alle Unterlagen zu den privaten Vermögens- und Schuldenverhältnissen beigefügt. Sie dienen der privaten Bonitätsprüfung. Sämtliche Vertragsentwürfe zu Kauf, Miete oder Pacht, zu Gesellschafts- und Franchiseverträgen gehören ebenfalls zum Businessplan.

Letztendlich lassen sich die Themen, die ein Businessplan beinhalten sollte, wie folgt zusammenfassen:

1. Geschäftsidee / Beschreibung des Vorhabens
2. Planzahlen (Investition, Finanzierung, Rentabilität, Liquidität)
3. Lebenslauf und persönliche Vermögenssituation
4. Vertragsentwürfe

Ein detailliertes Konzept zur Existenzgründung verhilft zukünftigen Unternehmerinnen und Unternehmern, mögliche Risiken der Geschäftsidee schon im Vorfeld zu erkennen und durch entsprechende Planungen entgegenzuwirken. Noch bevor Sie zur Bank gehen – oder gemeinsam mit dem Kreditinstitut.

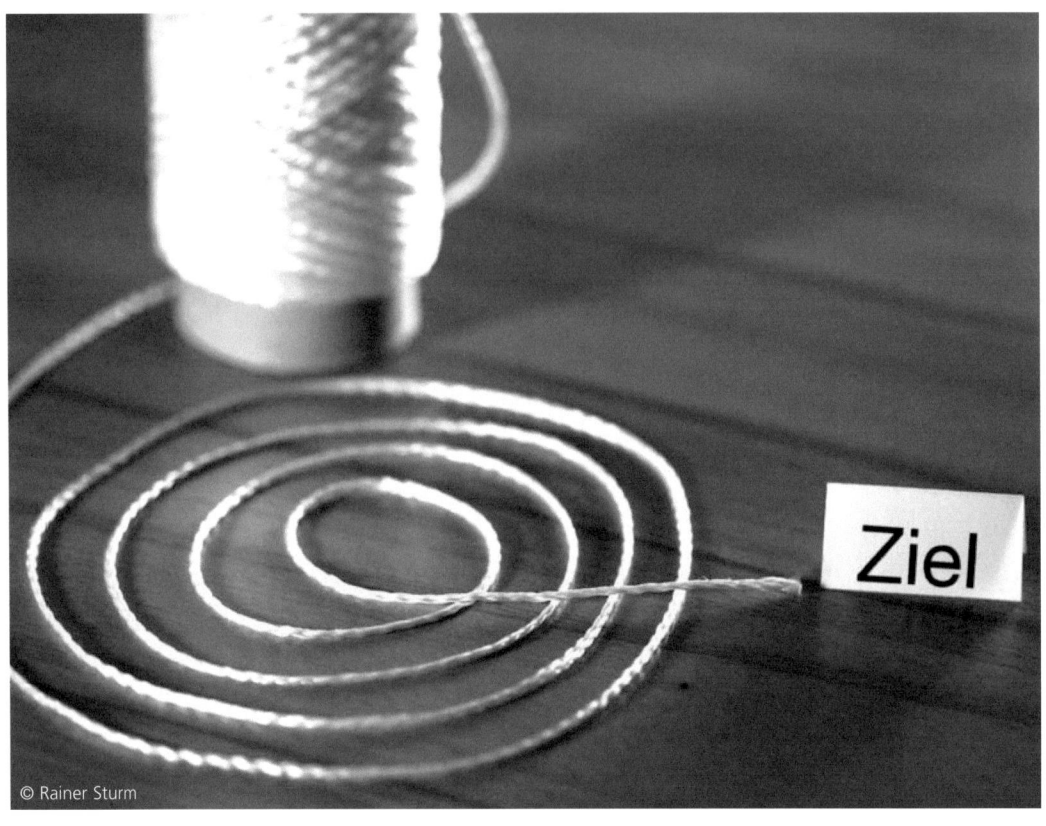

© Rainer Sturm

Ulrike Kossessa | KOCOM Kossessa Communications | Am Fuchsberg 2 | 41468 Neuss |
Telefon 02131. 3 14 47 66 | mail@kossessa.de | www.kossessa.de |

Als Journalistin mit Schwerpunkt Presse- und Öffentlichkeitsarbeit mache ich die Dienstleistungen und Produkte von Unternehmen in der Öffentlichkeit bzw. bei ihrer Zielgruppe bekannt: durch Artikel in Zeitungen und Fachzeitschriften, von der Idee über den Text bis hin zur Platzierung in den Medien. Hinzu kommen Konzept und Text für Internet, Folder, Mailings, Newsletter, Anzeigen etc. bis hin zum fertigen Produkt. Im Rahmen der Kooperation wir-hier-jetzt.de biete ich die kompletten Leistungen einer PR- und Werbeagentur.

„K" wie Kommunikation, Kooperation und Kinder

Selbständig sein mit Familie. „Wie bekommst du das alles unter einen Hut: Job, Kind, Haushalt?", fragte mich Sabrina bei unserem ersten Treffen. Sabrina ist eine der Schülerinnen, die wir seit Sommer 2006 coachen und auch weiterhin auf ihrem beruflichen Weg begleiten. Sie, jetzt frische Abiturientin, möchte auch Journalistin werden. *Wir*, das ist der NeUn e.V., der Verein Neusser Unternehmerinnen. Und da bin ich auch schon mitten drin in meinem Unternehmertum: Ich bin Gründungsmitglied des NeUn e.V. und dessen Pressesprecherin. Diesen gemeinnützigen Verein für Unternehmerinnen gibt es seit Anfang 2006. Unsere Intention: Stärkung der Wirtschaftskraft weiblich geführter Unternehmen. Unsere Mittel: Vernetzung, Kooperation und pressewirksame Auftritte in der Öffentlichkeit. Und das Ganze im Sinne von *Corporate Citizenship*.

Netzwerken: Eines des Kernworte, wenn es um Selbständige geht. Netzwerken, um Erfahrungen auszutauschen. Netzwerken, um Kunden zu gewinnen. Da heißt es: Achtung, nicht verstricken! Termine und Präsenz sind wichtig. Aber es gibt derart viele Plattformen und Business-Treffen, dass ich sehr gezielt wähle, wo und wie ich mich sehen lasse. Ein bis zwei Abende in der Woche bin ich im Schnitt beruflich unterwegs.

Mich, als KOCOM Kossessa Communications, gibt es seit 10 Jahren. 10 Jahre mit den verschiedensten Entwicklungen, zehn Jahre, die ich nicht missen möchte. Mein Background:
+ Jahrgang 1962, geb. in Mülheim Ruhr
+ Abitur, Magisterstudium Geschichte, Germanistik und Publizistik in Münster
+ während des Studiums: freie Mitarbeit im Verlag, bei Zeitungen und beim WDR-Lokalradio; 3 Monate Arbeit in Kanada

+ seit 11/88 Redakteurin bei Fachzeitschriften im Bereich Wirtschaft / Mode
  / Handel in einem Düsseldorfer Verlag, in den letzten Jahren als stellvertre-
  tende Chefredakteurin
+ 12/97 verließ ich den Verlag auf eigenen Wunsch
+ seit 1/98 freiberufliche Journalistin mit Schwerpunkt Presse- und Öffentlichkeitsarbeit
+ seit 9/07 Kooperation www.wir-hier-jetzt.de. Büro in Neuss; hier bieten
  wir die kompletten Leistungen einer PR- und Werbeagentur

Den Anfang hatte ich mir einfacher vorgestellt. Presse- und Öffentlichkeitsarbeit führt in vielen Unternehmen noch ein Dasein als Stiefkind. Den
Unternehmen fehlt die Kenntnis über den Nutzen, es fehlt an Zeit und
Kompetenz, PR zielgerichtet einzusetzen. Stattdessen investiert man meist
nur in Anzeigen. Und teure Events verpuffen, ohne dass (potenzielle) Kunden davon in der regionalen Presse oder in Fachzeitschriften erfahren.
Chancen bleiben ungenutzt. Das bringe ich meinen Kunden nahe und zeige
effektive Wege der PR auf. Für mehr Image, mehr Kunden und mehr
Umsatz.

Den Anfang habe ich längst gemeistert, und doch gibt es immer wieder viel
Neues, was mich fordert. Das mag ich. So auch das Projekt NeUn e.V. Meine
Mitgliedschaft verlangt viel Zeit und großen ehrenamtlichen Einsatz. Doch
der lohnt sich. Erstens bin ich als Pressesprecherin des NeUn e.V. im Rhein-
Kreis Neuss mittlerweile recht bekannt, eine Art „Zusatzqualifikation".
Zweitens trete ich durch die Pressearbeit auch mit meinen ureigensten
Kompetenzen auf. Drittens: Über das Netzwerk bekomme ich Kunden und
Kooperationspartner.

Nachdem wir schon ein gutes Jahr immer wieder zusammen an Projekten
gearbeitet hatten, gingen Carola Joos-Rick (JR WERBUNG ETC. und 1. Vor-

sitzende NeUn e.V.) und ich einen Schritt weiter. Wir mieteten Büroräume im Gewerbegebiet Neuss-Süd. Zusammen bieten wir die kompletten Leistungen einer PR- und Werbeagentur: von der Corporate Identity und dem Internetauftritt über die Firmenbroschüre bis hin zur Werbekampagne und der gesamten Pressearbeit. Ein Netz an freien Profis aus den Bereichen Programmierung, Grafik, Fotografie und Übersetzung unterstützt uns. Wir agieren nach außen unter dem Motto wir-hier-jetzt (www.wir-hier-jetzt.de), bleiben aber eigenständige Firmen.

Ein guter Schritt: Wir wachsen deutlich, durch Präsenz (zum Beispiel als Referentin im Rhein-Kreis Neuss) und vor allem durch Empfehlungen. Im Team zu arbeiten, macht richtig Spaß und ist effektiv. Kunden erwarten heute das komplette Leistungspaket – bei vorzugsweise einem Ansprechpartner. Ich kann jedem Einzelunternehmen nur empfehlen, sich im Team zusammenzutun! Netzwerke können hierzu beitragen. Aber Mut und Kompromissbereitschaft braucht man dafür auch.

Was ich Sabrina geantwortet habe? „Das ist alles eine Frage der Organisation. Wenn du deinen Beruf liebst, bekommst du das schon hin. Sicherlich gibt es Zeiten mit viel Termindruck. Aber die bringen dich auf Höchstleistungen und gehören einfach dazu. Wenn du selbständig bist, solltest du sehr flexibel und kommunikativ sein, dich weiterbilden und an neuen Aufgaben wachsen. Buchhaltung, Akquise etc., all das will erledigt sein. Und keine Angst vor Familie: Es gibt nichts Schöneres, als eigene Kinder auf ihrem Weg begleiten zu dürfen. Auch wenn du manchmal meinst, keinem gerecht zu werden. Nicht dem Job, nicht dem Haushalt, nicht dem Kind oder dem Partner. Ganz zu schweigen von deinen eigenen Bedürfnissen. Irgendwie klappt es dann doch! Und Kinder wachsen."

Ich habe einen Beruf, der mir Freude macht und mir persönlich liegt. Die neun Jahre fester Anstellung sind eine sehr gute Basis und waren wichtig für mich. Ich habe viel gelernt, fühlte mich unabhängig und bin durch die halbe Welt gereist. Das war eine Zeit für sich. Ich kenne beide Seiten. Heute bin ich gerne selbständig und will es bleiben. Und mit Familie ist das – übrigens auch für selbständige Männer – eine sehr gute Alternative zur festen Anstellung. Schulferien, Krankheiten oder einfach mal einen schönen Tag gemeinsam verbringen – das lässt sich organisieren. Und von wegen Sicherheiten: Mit mehreren Standbeinen und immer wieder neuen Herausforderungen und Kunden fühle ich mich sicherer als so mancher „fest" Angestellte. Die Konzentration im Verlagswesen fordert ihre Opfer, aber viele Verlage und Unternehmen arbeiten gerne projektbezogen mit Freien.

© G. W.

Beate Kreis | Unternehmensberatung | Grünewalder Straße 29 – 31 | 42657 Solingen |
Telefon 0212. 2 49 44 15 | beate.kreis@o2online.de |

Beate Kreis ist als Unternehmensberaterin – neben der klassischen Unternehmensberatung –
spezialisiert auf zwei Themen: Finanzierung mit öffentlichen Fördermitteln und Kundenorientierung
im Vertrieb und Verkauf. Beate Kreis ist in der Beraterbörse der KfW Mittelstandsbank gelistet und
zugelassen für das Gründercoaching Deutschland.

Von der Akquise zum Auftrag – eine persönliche Erfahrung.

Mit Beginn meiner Selbständigkeit war klar: Damit ich davon leben kann,
brauche ich Umsatz. Und ohne Kunden kein Umsatz! Kein Problem, dachte
ich, denn ich habe während meiner gesamten Berufstätigkeit – immerhin
mehr als 20 Jahre – im Vertrieb gearbeitet. In der Selbständigkeit stellte es
sich dann aber doch etwas anders dar ...

Es ist ein Unterschied, ob ich Kunden eines Unternehmens betreue oder
selbst dafür sorgen muss, neue Kunden für mich zu gewinnen. Besonders
in meiner Branche – der beratenden Tätigkeit – ist meine Leistung das Produkt. Zu Anfang können potenzielle Kunden meine Leistung noch nicht ein-
schätzen. Empfehlungen bauen auf persönlichen Erfahrungen auf. In den
verschiedensten Ratgebern für Existenzgründer wurde genau diese Proble-
matik immer wieder beschrieben. Was lag also näher, als genau diese Tipps
und Ratschläge zu befolgen.

Nach einer ersten Anlaufphase gelang es mir, einen Auftrag an den anderen
zu platzieren. Prima, geht doch! Dann musste ich die Aufträge abarbeiten.
Mein intensives Bemühen um neue Kunden rutschte aus dem Focus. Und es
passierte das Unvermeidliche: Die Aufträge waren abgearbeitet – und es
fehlten die Anschlussaufträge. Nun war ich genau da unsanft gelandet, was
in den Ratgebern ausführlich beschrieben war. Diese Hürde musste ich nun
erneut nehmen. Aktiver Erfahrungsaustausch in Netzwerken hat mir geholfen weiterzumachen, dranzubleiben und nicht aufzugeben!

Die Akquisition von Neukunden ist wichtiger Teil der täglichen Arbeit. Sie
braucht eine klare Strategie. Ich erreiche potenzielle Kunden mit meinem
Angebot möglicherweise zu einem Zeitpunkt, zu dem meine Dienstleistung
nicht gebraucht wird. Noch nicht.

Drei Schritte: von der Akquise bis zum Auftrag

1. Der erste Kontakt: Meine potenziellen Kunden müssen meine Dienstleistung wahrnehmen. Mit Vorträgen habe ich positive Erfahrungen gemacht. Der Vorteil: Die potenziellen Kunden lernen mich und meine Beratungsleistungen persönlich kennen. Nun heißt es, den Kontakt zu halten. Das Nachfassen per (Serien-)Brief an meine potenziellen Kunden bietet sich quasi an. Auch der erste Kontakt setzt voraus, dass ich gefunden werde. Mit diesem Thema hatte ich mich – zugegeben – nie auseinandergesetzt. Inzwischen überprüfe ich regelmäßig meine Präsenz im Netz. Und ich bin mittlerweile erfolgreich in Netzwerken unterwegs.

2. Das Angebot: Das Interesse ist geweckt und der potenzielle Kunde möchte mehr erfahren. Das erste Gespräch ist die Basis einer zukünftigen Geschäftsbeziehung. Hier entscheidet sich, ob die Chemie stimmt.

3. Der Auftrag: Mein Angebot sagt zu und der Kunde unterschreibt den Vertrag. Erst jetzt habe ich meinen Kunden tatsächlich erreicht und die eigentliche Arbeit beginnt.

Fazit

Meine Aufmerksamkeit und Konzentration gilt dem Kunden – in jeder Phase des Kontakts. Alle drei Phasen gehören zur täglichen Arbeit und sind gleich zu gewichten. Oft braucht es Monate, manchmal Jahre, bis aus einem Erstkontakt ein Auftrag wird. Aber auch das gehört zur Selbständigkeit: freundliche Beharrlichkeit und Durchhaltevermögen! Erfahrungen, die ich gemacht habe, die mich zum Teil viel Zeit und manchmal auch Geld gekostet haben – und die ich inzwischen in meiner täglichen Arbeit erfolgreich umsetze.

Katja Lotze | Diplom-Designerin | Designlotsen | Büro für Design – Beratung – Konzept – Text | Gustavstraße 12-14 | 42329 Wuppertal | Telefon 0202. 6 95 22 53 | mail@designlotsen.de | www.designlotsen.de |

Seit 2003 hält Katja Lotze ihr Büro für Kommunikationsdesign in Wuppertal auf Kurs. Als „Design-lotsin" bietet sie Beratung und Begleitung durch die Höhen und Tiefen von Kommunikation und Gestaltung. Sie hilft Unternehmen, Selbständigen, Existenzgründern und Institutionen mit Konzeption und Beratung, Gestaltung und Text, ein unverwechselbares, individuelles, visuelles Erscheinungsbild zu bekommen. – Damit auch Sie Flagge zeigen und Ihren Kurs halten können. Von der Anzeige bis zum Großflächenplakat, von der Visitenkarte bis zum Internetauftritt.

Flagge zeigen – oder: Was Gestaltung mit Seefahrt zu tun hat

„Sie segeln wohl gerne?" Als ich diese Frage zum ersten Mal hörte, war ich etwas überrascht, obwohl die Vermutung natürlich angesichts meines Firmennamens nahe liegen mag. Ist aber nicht der Grund. Aber das Thema Segeln hat durchaus viel mit dem zu tun, was ich mache.

In jeder Selbständigkeit kommt der Zeitpunkt, an dem man sich fragt: Was mache ich da eigentlich genau? Und warum? Und wie? Bei mir kam dieser Zeitpunkt 2003 – kurz vor meinem Umzug nach Wuppertal. Bis dahin hatte ich bereits einige Jahre mit meiner Schwester zusammengearbeitet. Wir hatten ein Grafikdesignbüro. Als sie sich entschloss, noch einmal etwas Neues anzufangen, habe ich mich entschlossen, weiterzumachen. Aber auf meine Art.

Als ich so an meinem Rechner saß, um Ideen für mein neues Konzept und die neue Geschäftsausstattung zu sammeln (neue Firma, neue Geschäfts-ausstattung – das ist bei Designern auch nicht anders), wurde mir plötzlich klar, WAS ich da eigentlich tue. Kommunikation hat etwas mit Senden und Empfangen, mit Verstehen-lassen und Verstehen-wollen zu tun. Nichts anderes macht man mit Signalflaggen, mit Morsezeichen oder mit dem Winkeralphabet. Ich begleite Unternehmen. Ich lotse sie. Und weil man beim Thema Kommunikation und Gestaltung genauso in Untiefen geraten kann wie auf hoher See, hatte ich meinen Ansatz gefunden:
Delsignllotlse, der oder die -lotsin;
amtlich zugelassener gestalterischer Berater, der die Geschäftsführung auf
bestimmten, schwierig zu befahrenden Designstraßen begleitet, auf denen
aus gestalterischen Sicherheitsgründen Lotsen an Bord genommen werden
müssen (Lotsenpflicht).

Auf zu neuen Ufern

Als ich nach Wuppertal kam, kannte ich – niemanden. Jedenfalls nicht im beruflichen Umfeld. Gut gerüstet mit den Erfahrungen einer Netzwerkfrau begab ich mich also auf die Suche nach einem Unternehmerinnennetzwerk, wie ich es aus Aachen kannte. Wie auf einem großen Schiff funktioniert auch ein Netzwerk durch die Zusammenarbeit und die Ergänzung unterschiedlicher Professionen. Das hat mir den Start in meinem neuen Heimathafen leichter gemacht – und gibt mir heute die Sicherheit, jederzeit eine gute Crew zu haben, wenn ich für ein Projekt Spezialisten brauche.

Den Kurs bestimmen und Flagge zeigen

Fragen und Antworten sind ein wichtiger Bestandteil von Kommunikation. Für mich bilden sie die Basis meiner Arbeit. Nur durch gezielte Fragen und durch ständiges Überprüfen wird der Kurs klar. Zeigen, wer man ist und was man macht. So, dass Außenstehende es verstehen – und nicht mehr vergessen. Das Besondere, das Unverwechselbare herausarbeiten und zu dem stehen, was man macht. Klingt ganz einfach, ist aber mit viel Fragerei verbunden.

Segel setzen

Zu meinen Auftraggebern gehören auch Existenzgründer – und oft sind das die interessantesten Projekte, weil ich Unternehmen von Anfang an begleiten und dabei helfen kann, die Richtung zu prägen. Für viele Gründer ist der Schritt zur professionellen Arbeit eines Designbüros ein ziemlich großer: verbunden mit Kosten (deren Sinn und Zweck man nicht sofort einsehen kann), verbunden mit Zeit (warum muss die so viel fragen) und verbunden mit Unsicherheit (warum will die das alles wissen). Die Entscheidung für einen professionellen Auftritt von Anfang an ist aber auch ein Bekenntnis zur eigenen Profession und zu dem Stellenwert, den man dem eigenen Tun beimisst. Sich selbst und seine Profession, seine Kompetenz ernst nehmen. Nach außen signalisieren, dass man weiß, was man tut. Anders hat man keine Chance, zwischen all den anderen wahrgenommen zu werden, die mehr oder weniger das-Gleiche-aber-anders machen. Und wahrnehmen muss man Sie.

Segeln kann ich übrigens nicht wirklich. Das habe ich nur zwei oder drei Mal in meinem Leben gemacht. Aber Kurs halten muss ich auch beim Paddeln. In meinem Kajak. Und in meinem Büro.

© Benki

Olaf Mertens | MICOM Computer GmbH | Neuer Weg 32 | 42111 Wuppertal |
Telefon 0202. 27 72 - 30 | owm@micom.de | www.micom.de |

Als Gründer, Geschäftsführer und Gesellschafter der MICOM GmbH versorge ich – zusammen mit meinen Mitarbeitern – europaweit Anwender aus Industrie und Handel mit IT-Lösungen für eine effiziente Logistik. Barcode-Leser, RFID-Leser und RFID-Drucker, mobile Minicomputer, Funkvernetzung, Software und Konzepte sind die Bausteine unseres täglichen Geschäfts.

Was ich anders machen würde? Ich würde von Anfang an …

… einfach alles richtig machen! Dummerweise weiß man meist erst nachher, was richtig gewesen wäre. Hier kommen meine seit über 20 Jahren in der lebhaften IT-Szene gereiften Erfahrungen zum Nachmachen – oder lieber sein lassen.

Die IT-Branche ist in allem extrem flott: Satte Erfolge wechseln sich in kurzer Folge mit schaurigen Katastrophen ab. Produkte, die extrem marktbedeutend sind, will nach ein paar Monaten niemand mehr haben. Produkte kommen erst fehlerhaft auf den Markt, reifen dann kurz, um schließlich – wenn sie endlich gut funktionieren – vom Markt genommen zu werden. Jedes mühsam erworbene Wissen ist in genau diesem Tempo plötzlich wertlos, muss völlig neu aufgefüllt werden. Bei Lieferanten und Kunden werden Mitarbeiter rasch ausgetauscht, langfristige Beziehungen sind eher selten. Das ist die Turbobranche mit Schleudergefahr!

Verlasse dich nicht auf andere!
Unternehmer sollten von allen Dingen des Geschäftslebens wenigstens ein bisschen Ahnung haben. Furchtbar mühsam, sich mit so was wie Steuern, Recht, Führung, Finanzen beschäftigen zu müssen. Lassen wir das besser Fachleute erledigen, während ich selbst konzentriert in meinem Job arbeite. Richtig! Aber darauf zu vertrauen, dass andere stets voll für mein Unternehmen im Einsatz sind und alles Drohende abfangen, ist reine Illusion. Auch Berater haben ihr Tagesgeschäft und denken nicht immer nur an diesen einen Klienten. Einigermaßen nachvollziehen zu können, was die Profis erledigt haben, was ihnen durchgehen könnte und was sie dringend anpacken sollten, bietet reichlich Stoff für lebenslanges Lernen. Ich musste als Anfänger eine Menge unnützes Lehrgeld zahlen für diese Erkenntnis, die mir später allerdings dazu verhalf, noch viel mehr einzusparen.

Verlasse dich nicht auf dich!

Alles selbst machen zu wollen, sollte zugunsten einer begrenzten Selbst-
ausbeutung rechtzeitig aus dem Geschäftskonzept verschwinden. Aufgaben
außerhalb der eigenen Kernkompetenz von Profis machen zu lassen, spart
Zeit, Geld, Nerven (allerdings nur, wenn man die richtigen erwischt hat) und
wirkt professioneller. Finger weg von selbst erstellter Website, Broschüre
und Visitenkarte! Wobei es durchaus nützlich ist, sich schon grundsätzlich
mit den Themen zu beschäftigen. Aber es eben andere realisieren lassen.
Gute Profis haben immer bezahlbare Lösungen für den Einstieg in der
Tasche. Das habe ich leider auch erst später erkannt und an vielen Dingen
viel zu lange selbst herumgedoktert.

In der eigenen Disziplin mit Kollegen – ja, auch Wettbewerbern! – zusam-
menzuarbeiten und nicht gegeneinander zu arbeiten, ist eher was für reifere
Persönlichkeiten. Delegieren von Auftragsteilen bedeutet nicht gleich eine
Offenbarung der eigenen Inkompetenz. Der Zugewinn an Professionalität
wird von Kunden immer gern gesehen, weil sich Aufgaben auf mehrere
Fachleute verteilen. Ich weiß, dass dabei trotzdem mehr Ertrag übrig bleibt,
als wenn man versucht, einen Auftrag irgendwie allein zu stemmen.

Kontakte, Kontakte, Kontakte!

Drei Viertel meiner bisherigen Unternehmerzeit habe ich geglaubt, die eine
oder andere Veranstaltung mitzunehmen, wäre reine Verschwendung meiner ohnehin knappen Zeit, die ich doch so dringend fürs Arbeiten brauche.
Völliger Unsinn! Networking bringt zwar selten sofort Kunden, aber einen
prall gefüllten Pool von Kontakten zu nützlichen (und netten) Menschen,
die zur richtigen Zeit gern mitarbeiten, einspringen, helfen, beraten oder
weiterempfehlen. Auch wenn das Thema eines Vortrags weniger relevant
erscheint, am Rande solcher Veranstaltungen wird immer viel ‚kontaktet‘.
Man darf dort gern erzählen, was man zu bieten hat – und was man sucht.

Muss ja nicht gleich ein aufdringliches Verkaufsgespräch werden. Viel
Geduld wird belohnt mit viel Erfolg, der mit der Zeit garantiert kommen
wird!

Spare in der Zeit!

Schöne Büros, tolle Möbel, dicke Autos, viele Mitarbeiter – alles Zeichen des
geschäftlichen Erfolgs, die aber die Liquidität nehmen, die man in weniger
glücklichen Tagen so dringend braucht. Und die wird es garantiert geben!
Das brummende Geschäft hat irgendwann seinen Durchhänger, der tolle
Businessplan kann auch mal etwas schleppender losgehen. Verluste hauen
stets bedeutend stärker rein als Gewinne, müssen ja später noch zusätzlich
zum Normalbedarf wieder eingefahren werden. Also: Keine unnötigen
Ausgaben für nicht wirklich notwendige Investitionen, keine langfristigen
Verbindlichkeiten eingehen, Vorräte extrem knapp halten. Die uralte
Weisheit hat immer noch Bestand – nicht nur bei den Schotten und im
Schwabenland. Ich habe so einige Kollegen in der jungen IT-Branche erlebt,
die mit voller Fahrt – aber wenigstens piekfein und mit Stil – ihre
Neugründung an die Wand gefahren haben und noch heute Schulden
abzahlen.

Lehne Aufträge ab!

Etwas mehr Mut hätte mir viel unbezahlte Arbeit, Ärger und Stress gespart.
Wen lockt es nicht, für den Großkunden mit bekanntem Namen zunächst
fast gratis zu arbeiten, weil der ja später sicher richtig lukrative Aufträge
platzieren wird. Die gehen dann aber leider an den Kollegen, der auch mal
mitspielen möchte. Solche angeblich strategisch wichtigen, aber miserabel
bezahlten Aufträge sind gern ergiebige Quelle für viel Ärger, weil der Kunde
überhaupt kein Verständnis für die Nöte des Discount-Auftragnehmers hat.
Der muss nämlich am Einsatz sparen und andere Jobs nebenbei machen, die
Geld bringen. Auf jeden Fall wird der Auftrag nicht mit vollem Einsatz erledigt. Kunden, die wir mit sachgerechter Kalkulation bedient haben, sind
zufriedene Stammkunden geworden – und wir zufriedene Stammliefe-
ranten. Alle strategischen Kundenbeziehungen sind gar keine geworden.
Für uns dient als Frühindikator für eine langfristige, lukrative Kundenbezie-
hung, wenn der Auftraggeber Fairness und Entgegenkommen bei den

Konditionen, die natürlich durchaus hart verhandelt werden, zeigt. Darin investieren wir gern unsere volle Energie. Zu den anderen sagen wir entschlossen NEIN DANKE!

Mache nur richtige Fehler!

Es gibt reichlich Fallen, die auf ein sorgloses Opfer warten, von einigen Institutionen scheinbar heimtückisch ausgelegt, und die in Arbeits-, Steuer- und sonstigen Rechten ihre praxisfremden Formulierungen finden. Vielleicht wird man irgendwann mal kalt davon erwischt, weil man irgendetwas nicht beachtet hat. Eine winzige Wissenslücke zeigt schwere Wirkung. Erfolgreich bleibt, wer für diese Fälle universell vorbereitet ist und stets einen ‚Plan B' in der Schublade hat, der eine heilende Antwort auf mögliche Fehler parat hat. Das können die Wahl der richtigen Rechtsform oder begrenzende Exit-Klauseln in Verträgen oder Finanzierungen mit Spielraum sein. So kann man Unvorhergesehenes auch einfach mal auf sich zukommen lassen und unternehmerischen Mut zeigen.

Ein großer Fehler ist übrigens, allzu sehr auf sein Geschäftskonzept, seinen Businessplan oder sonstige Planungen und Zahlenwerke zu vertrauen. Denn: Erstens kommt es anders, zweitens als man denkt! Eigentlich immer, meine ich. Erfolgreich wird man plötzlich mit ganz anderen Dingen, die in keinem Konzept standen, niemals angedacht waren. Schön, dass wir immer wieder überrascht werden!

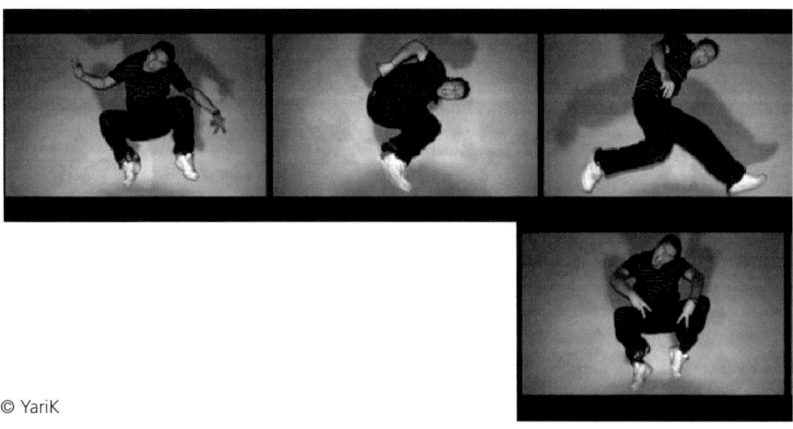

© YariK

Wolfgang Precht | KomPlexx | Kommunikation, Persönlichkeits- und Personalentwicklung | Lise-Meitner-Straße 1–9 | 42119 Wuppertal | Telefon 0202. 3 17 13 - 2 82 | info@komplexx.org | www.komplexx.org |

Ich helfe Führungspersonen, sich selbst und die ihnen anvertrauten Mitarbeiter erfolgreicher zu führen. Das beinhaltet sowohl die Einzelbegleitung zur Definition und Ausgestaltung der individu- ellen Führungsrolle als auch Gruppenseminare zu Themen wie Teamführung, Führungsgrundlagen, Führung in der Produktion, aber auch in der Rolle des Geschäftsführers, die ich selbst auch vor meiner Selbständigkeit erleben konnte.

Müssen Störungen immer stören?

Hallo zusammen, wir kennen uns noch von unserer gemeinsamen Betrach- tung zum Thema „Führung zur Selbstführung". Also, bei mir hat es mit der Selbstführung ganz gut geklappt, ich habe mein Geschäft im letzten Jahr ausweiten können und habe inzwischen sogar 1 ½ Mitarbeiter, die mich unterstützen ... oder manchmal auch unterbrechen, wenn ich gerade mit irgendetwas beschäftigt bin. Ja ja, so ist das heute mit dem Personal, die machen auch nicht immer, was sie sollen – oder? Oder eigentlich doch, viel- leicht liegt es ja auch ein Stück weit an mir, wenn die zu mir kommen und mich wegen einer Aufgabe fragen, die ich ihnen übertragen habe, weil ich sie ihnen vielleicht nicht hinreichend erklärt habe. Ich glaube, dass ich diese Art von Unterbrechungen durchaus vermindern kann, wenn ich mir bei mei- ner Delegation etwas mehr Zeit nehme oder die Dinge etwas deutlicher erkläre.

Überhaupt ist das mit den Störungen und Unterbrechungen so eine Sache – nie kommt man dazu, etwas mal für längere Zeit zusammenhängend zu bearbeiten, immer kommt irgendwas dazwischen. Letztens saß ich gerade über der ziemlich komplizierten Kalkulation für ein Angebot, als mir sie- dendheiß einfiel, dass ich ja noch einen Termin mit meinem Steuerberater machen wollte. Also ran ans Telefon und angerufen – natürlich war er nicht erreichbar, weil in einem Mandantengespräch (wollte sich einfach nicht stö- ren lassen ...). Die freundliche Mitarbeiterin bot mir an, dass er schnellstens zurückruft, was ich natürlich dankbar angenommen habe. Als er dann anrief, war ich gerade in einem Mitarbeitergespräch, so dass ich ihn wieder zurückrufen musste. Wenn ich es mir recht überlege, habe ich mir da selbst eine perfekte „Störungsserie" inszeniert. Zukünftig werde ich nicht um Rückruf bitten, sondern selbst anrufen, wenn es passt.

Überhaupt – die ganze Misere fing ja damit an, dass ich mich bei meiner Angebotskalkulation unterbrochen hatte, um zu telefonieren. Ist aber auch wirklich ätzend, diese Rechnerei, eigentlich bin ich ganz froh, wenn ich da mal rausgerissen werde. Offenbar schaffe ich es auch selbst ganz gut, mich zu unterbrechen, wenn es halt partout kein anderer tut. Ich glaube, ich muss mir überlegen, ob ich mir solche weniger angenehmen Aufgaben ganz bewusst so einteile, dass ich zwischendurch ab und zu eine Auszeit habe. Das macht es leichter, dabei zu bleiben (die nächste Pause ist ja schon geplant). Ich kann auch mit besserem Gewissen abschalten, wenn ich weiß, dass ich nach dem Telefonat (oder einer Tasse Kaffee) mit frischem Elan wieder an meine Aufgabe gehen kann.

Das bringt mich zu einer faszinierenden Erkenntnis: Störungen und Unterbrechungen sind scheinbar beileibe nicht immer das, was man von guten Störungen erwarten kann – sie kommen nicht immer von außen! Das bedeutet, dass ich durchaus Einfluss auf die Menge der Unterbrechungen in meinem Tagesablauf nehmen kann.

Ich habe mich mal hingesetzt und aufgeschrieben, was mich so im Laufe eines Arbeitstages immer wieder unterbricht, und (ich sage es nicht gerne) ich habe festgestellt, dass ein gutes Drittel dieser Unterbrechungen auf mein eigenes Konto geht. Sei es, dass ich spontan zum Hörer greife, um zu telefonieren, anstatt das zusammen mit anderen Telefonaten auf einen anderen Zeitpunkt zu legen, sei es, dass ich plötzlich feststelle, dass ich ja noch unbedingt etwas im Internet recherchieren müsste (übrigens: ich liebe es, zu googeln) oder dass ich halt irgendwelche Rückrufe initiiert habe, die dann natürlich zu Zeitpunkten kommen, an denen ich sie am wenigsten gebrauchen kann.

Seitdem mir das klar geworden ist, habe ich angefangen, rigoros auf meine eigene Vorgehensweise zu achten. Wenn ich eine Störung, äh, ich meine, eine kleine Pause brauche, dann nehme ich sie mir bewusst, um danach wieder konzentriert einzusteigen. Ich vermeide es, wo immer es geht, mir solche oben beschriebenen „Kuckuckseier" ins Nest zu legen. Und ich muss feststellen, dass ich wesentlich konzentrierter und letztlich entspannter durch meinen Tag komme.

Ich habe mir auch angewöhnt, einmal am Tag für wenigstens eine Dreiviertelstunde meine Bürotür zuzumachen und mein Telefon auf einen Mitarbeiter umzustellen, damit ich in dieser Zeit meine für diesen Tag wichtigste Aufgabe ungestört erledigen kann. Das heißt nicht, dass ich überhaupt nicht erreichbar bin, wenn „der Baum brennt", aber für die normalen Anrufe und Nachfragen bin ich in dieser Zeit nicht zu erreichen. Ich muss sagen, dass es eine völlig neue Arbeitsqualität mit sich bringt, wenn ich weiß, dass ich jetzt mal eine gewisse Zeit Ruhe habe, um wichtige und dringende Dinge zu erledigen.

Insgesamt betrachtet kann ich feststellen, dass ich mich inzwischen einigermaßen „im Griff" habe, dass ich mich nicht mehr so oft ablenken lasse (oder selbst ablenke) und dass auch meine Mitarbeiter froh sind, wenn sie weniger rückfragen müssen. Die fühlen sich auch plötzlich viel selbständiger.

Mein Tagesablauf hat sich deutlich spürbar verbessert, und meine Mitarbeiter erscheinen darüber hinaus viel motivierter zu sein als früher. Ein Ergebnis meiner Delegation – oder wie ist das überhaupt mit der Mitarbeitermotivation?

Aber das ist vielleicht mal wieder ein Thema für das nächste Mal! Viel Erfolg bei der Eliminierung eurer eigenen Störfaktoren!

© Dommy

Anke Seibel | A.S. marketing impuls | Akazienstraße 10 | 42283 Wuppertal |
Telefon 0202. 94 69 97 64 | info@marketing-impuls.de | www.marketing-impuls.de |

Meine Kernkompetenz ist die strategische Marketing-Arbeit. Ausgangspunkt ist die eindeutige Positionierung des Unternehmens, seiner Produkte und Dienstleistungen. Unter Berücksichtigung der speziellen Marktgegebenheiten entwickle ich Vermarktungskonzepte, mit denen sich Unternehmen und ihre Produkte und Dienstleistungen profitabel am Markt behaupten.

Beruf oder Privatleben? Ich nehme beides.

Manchmal sagt man so ganz nebenbei Wahrheiten über sich und sein Leben, ohne lange darüber nachgedacht zu haben. Die Antwort auf die Frage „Warum hast du dich selbständig gemacht?" war so eine Wahrheit über mich und mein Leben: „So konnten meine beiden Welten Beruf und Privat am besten zusammenwachsen."

Meine Ausgangssituation

Sehr früh in meinem Studium wusste ich, in welchen Bereichen ich später arbeiten wollte: Vertrieb und Marketing. Deshalb habe ich neben dem Studium bereits im Vertrieb gearbeitet und erste praktische Erfahrungen gesammelt.

Nach zwölf Jahren Berufstätigkeit hatte ich die Position erreicht, die ich mir vorgestellt hatte. Ich arbeitete in leitender Position bei einem international tätigen mittelständischen Unternehmen. Die Verantwortung für einen Unternehmensbereich bedeutete für mich auch die Führung eines neunköpfigen Teams. Die Dotierung stimmte. Zudem hatte ich mir in der Branche einen Namen gemacht. Soweit war ich zufrieden. Aber mit einem Mal fehlten mir meine Visionen. Immer häufiger fragte ich mich: Und was machst du die nächsten 30 Jahre? Welche Herausforderung kommt? Die Vorstellung, das Unternehmen oder die Branche zu wechseln und im nächsten Unternehmen wieder den Integrations- und Etablierungsprozess zu durchlaufen, reizten mich nicht. Nach einigen Jahren – so befürchtete ich – würde der Prozess mit der Frage nach der Herausforderung und dem Wunsch nach Veränderung erneut beginnen.

Mich störte darüber hinaus zunehmend, dass mein Beruf mir kaum Zeit ließ für mein Privatleben. Wenn ich nicht gerade eine Messe aufbaute und einleitete, war ich regelmäßig bei unseren ausländischen Niederlassungen und Vertretungen oder zu Abstimmungsgesprächen bei der Konzernmutter in den Niederlanden. Zwar habe ich viel mit zu Hause telefoniert, aber das ist auf Dauer auch für die ältesten Freundschaften zu wenig. Zunehmend ging es mir irgendwann nicht mehr nur um die berufliche Herausforderung, sondern auch um die Auswirkungen meines Berufs auf mein Privatleben. Oft war es für mich, als lebte ich in zwei Welten.

Meine Selbständigkeit

„Ich mache mich selbständig." Dieser Satz von mir genügte, um im Familien- und Freundeskreis die komplette Bandbreite an Vorurteilen und Meinungen über Selbständige im Allgemeinen und zu meiner im Besonderen zu hören. Einstimmiger Konsens bestand für alle darin, dass ich dann nur noch arbeite und für mein Privatleben überhaupt keine Zeit mehr habe. Doch genau das wollte ich durch die Selbständigkeit anders gestalten. Ich wollte nicht unbedingt weniger arbeiten, ich wollte flexibler sein und mehr Gestaltungsspielraum haben.

Zu den Überlegungen über meine Zukunft passte es gut, dass ich 2002 am Mentoring-Programm des Landesministeriums Nordrhein Westfalen „Frauen fördern Frauen" teilnahm. Meine Mentorin, eine erfolgreiche Unternehmerin, hatte vor Jahren selbst meine derzeitige Entwicklung mitgemacht. Erfolg definierte sie über eine Balance zwischen Beruf und Privatleben. Von ihr bekam ich viele wichtige Impulse und Denkanstöße für mein neues Lebenskonzept. Schon nach wenigen Wochen hatte ich eine konkrete Vision für meine berufliche und private Zukunft entwickelt. Und nachdem meine Zukunft klar vor mir lag, war es ein Leichtes, die strategische Planung und Gestaltung meiner Selbständigkeit in Angriff zu nehmen.

Das Mentoring-Programm ist noch in einem zweiten Punkt zum Wegweiser für meine Selbständigkeit geworden. Die Frauenförderung des Landesministeriums wird seit 2000 mit maximal 3 Gruppen jährlich durchgeführt (eine Gruppe hat ca. 25 Tandems, also Mentorinnen und Mentees). Neben dem eigentlichen Mentoring-Jahr ist aus den teilnehmenden Frauen ein sich regelmäßig austauschender Pool von Frauen in Führungspositionen entstanden. Durch diese sehr positive Erfahrung habe ich mich weiter mit dem Thema Netzwerke in und um Wuppertal beschäftigt. Inzwischen bin ich in drei Netzwerken aktiv.

Mein Fazit

Die Kurzform: Ich bin angekommen. Die etwas längere Version: Bei aller inhaltlichen, strategischen und konzeptionellen Auseinandersetzung mit der Selbständigkeit (die absolut wichtig und notwendig ist) sollte man sich immer auch die Frage nach den eigenen Lebensträumen und -zielen stellen. Beruf und Privat greifen in meinem Leben heute ineinander, so dass ich nicht mehr in zwei Welten lebe. Mehr noch: Die enge Verbindung zwischen Beruflichem und Privatem ist für mich ideal, weil mir das die Flexibilität bietet, die mich erfolgreich macht – und zufrieden.

© bruno

Jörg Seibel | Versicherungen Seibel |Hauptvertretung Allianz und Existenzgründerberatung | Rödiger Straße 99 | 42283 Wuppertal | Telefon 0202. 50 71 23 | joerg.seibel@allianz.de | www.versicherungen-seibel.de |

Jörg Seibel ist Versicherungskaufmann (IHK), Jahrgang 1967, aus Wuppertal und seit 1990 in der Branche tätig. Schwerpunkte sind Versicherungen, Altersvorsorge und Vermögensaufbau für den privaten und den gewerblichen Bereich sowie umfassende Versicherungslösungen. Darüber hinaus berät und betreut Jörg Seibel Existenzgründer.

Übernahme eines Familienunternehmens

Meine Entscheidung, beruflich in die Fußstapfen meines Vaters zu treten, hatte mit echtem Interesse an der Versicherungsbranche zu tun, und nicht – wie manche vielleicht vermuten mögen – mit der frühen Überlegung, „sein Werk" zu übernehmen. Nach meiner Ausbildung zum Versicherungskaufmann habe ich mir zunächst im Innendienst einer großen Versicherungsgesellschaft und als Angestellter in Agenturen meine ersten Sporen verdient. Mitte der 1990er Jahre habe ich dann angefangen, stundenweise auch in der Agentur meines Vaters zu arbeiten. Wenn dies auch damals noch nicht in dem Bewusstsein geschah, die Agentur einmal zu übernehmen, so war es – im Nachhinein betrachtet – eine sehr gute Zeit, um meine Weichen zu stellen.

Bei der Zusammenarbeit mit meinem Vater stellte ich eines sehr schnell fest: Das gute familiäre Verhältnis, das mein Vater und ich hatten (und haben), machte eine enge Zusammenarbeit möglich. Allerdings war mein Vater zu diesem Zeitpunkt ganz klar der „Chef"! Die Frage, ganz bei meinem Vater einzusteigen (mit der Option, alles zu übernehmen, wenn er in den Ruhestand geht), ergab sich daher mehr, als dass ich es plante.

Im Außenverhältnis, also bei unseren Kunden und gegenüber der Versicherungsgesellschaft, überwogen ganz klar die Vorteile: Ich hatte grundsätzlich ein leichteres Entree. Die guten Erfahrungen, die Kunden und Kollegen mit meinem Vater gemacht hatten, übertrugen sie ausnahmslos auf mich. Gerade für viele jüngere Kunden war schon bald ich der Ansprechpartner. Durch meine Erfahrungen im Innendienst und in Agenturen suchte ich mir eigene Schwerpunkte innerhalb der Agentur meines Vaters, die er nicht hatte. Auf diese Weise haben wir uns sehr gut ergänzt und konnten unsere Leistungen noch ausbauen. Und ich hatte ein Feld, auf dem ich mich beweisen konnte – was für mich selbst wichtig war. Von großem Wert war auch die Tatsache, dass ich als Sohn auf die 25 Jahre Berufserfahrung des „Chefs" zurückgreifen konnte. Auch die Möglichkeit, Dinge zu verändern, ist für einen „Sohn" etwas einfacher als für einen „normalen" Angestellten.

Das enge Familienverhältnis ist wie eine Medaille: Es hat zwei Seiten. Was auf der einen Seite positiv ist, ist auf der anderen Seite negativ. Denn gerade durch das enge Familienverhältnis war die Erwartungshaltung meines Vaters, was meinen beruflichen Erfolg betrifft, sehr hoch. Mein Vater war selbst sehr erfolgreich, hatte dies aber ohne Unterstützung erreicht. In seinen Augen musste ich noch bessere Ergebnisse erzielen, denn ich hatte ja seine Unterstützung. In der Freizeit intensivierten sich unsere Gespräche über berufliche Themen. Es gab kaum noch ein Familientreffen, bei dem wir nicht über eine Kundenanfrage, aktuelle Ereignisse oder die Versicherungsgesellschaft sprachen. Es ging ja im weitesten Sinne um die Existenz und die berufliche Entwicklung.

Die Erwartungshaltung meines Vaters an mich verstärkte sich dann noch einmal, als ich 2004 seinen Kundenstamm und damit die Agentur übernahm. Ich hatte mich schließlich – nach intensiven Gesprächen mit zwei vertrauten Kollegen und speziellen Vereinbarungen mit der Versicherungsgesellschaft – entschlossen, in die Selbständigkeit zu gehen. Mein Vater musste sich aus gesundheitlichen Gründen zurücknehmen. Er hat aber nicht ganz aufgehört zu arbeiten. Vielmehr ist er seit 2005 als Berater für die Versicherung tätig – sein Schreibtisch steht allerdings in meinem Büro. Und selbstverständlich unterstützt er mich auch heute noch. Aber unter anderen Vorzeichen: Ich bin nun der „Chef" der Agentur, mein Vater arbeitet als

Berater – und damit auch teilweise für mich. Also bin nun ich weisungsbefugt. Wir brauchten beide Zeit, uns an die veränderte Situation und die jeweils neuen Aufgaben zu gewöhnen.

In dem Moment, in dem ich angefangen habe, Veränderungen durchzuführen, ohne mich mit meinem Vater über die jeweilige Entscheidung lange zu beraten, haben wir die neue Rollenverteilung umsetzen können. Anfangs führte das zwangsläufig zu Reibungspunkten zwischen uns. Sobald mein Vater aber feststellte, dass ich mir intensiv Gedanken über Änderungen gemacht hatte und ein Wieso und Warum argumentieren konnte, waren die Diskussionen zwischen uns beendet. Er wie ich haben gelernt, dass ich meine eigenen Entscheidungen treffen muss – selbst wenn er der Meinung ist, dass ich einen Fehler mache.

Ein wichtiger Schritt für meine Eigenständigkeit war dann noch einmal der Umzug in neue Büroräume im Herbst letzten Jahres. Es klingt vielleicht banal, aber dieser Umzug hat mich selbst am stärksten verändert. Im alten Büro hatten wir ja in erster Linie nur die Schreibtische getauscht. Nun ist es äußerlich sichtbar: Das Alte hat sich verändert! Das neue Büro inklusive Umbau, Renovierung, Einrichtung war allein mein Projekt. – Aber auch fachlich habe ich mich weiterentwickelt: Zu der Versicherungsagentur ist eine Beratung für Existenzgründer für neue Agenturen gekommen. Bereits während meiner Zeit als Angestellter hatte ich andere Angestellte im Außendienst betreut und vertreten. Das habe ich nun für junge und neue Agenturen aufgebaut. Eine Erweiterung auf andere Versicherungsgesellschaften und Branchen steht als nächstes an. Durch eine Kooperation habe ich auch erste Erfahrungen in der Immobilienverwaltung gesammelt. Auch diesen Bereich werde ich noch ausbauen.

Wenn ich heute ein Fazit ziehe, dann stelle ich fest, dass bei der Agenturübernahme und bei meinem Start in die Selbständigkeit die Vorteile überwogen. Meinen Vater bezeichne ich als meinen Mentor. Und meine eigene, positive Erfahrung hat mir deutlich gemacht, wie wichtig Unterstützung für die Selbständigkeit ist. Privat und beruflich. Auch deshalb unterstütze ich junge und neue Agenturen und habe inzwischen ein Netzwerk aufgebaut, in dem sich Gleichgesinnte austauschen – und unterstützen – können.

© Peter Smola

Evelyn Telle-Schlegel | TRAUMWINKEL | Obergrünewalder Straße 13 | 42103 Wuppertal | Telefon 0177. 47 55 750 | evelyntelle@gmx.de |

Der TRAUMWINKEL von Evelyn Telle-Schlegel ist Galerie, kreativer Raum und Schatzkammer in einem. Sie können hier aus Schätzen von Perlen, Glas, Silber, Holz endlich die Kette oder den Ring Ihres Lebens selbst gestalten, Sie können sich von Arbeiten aus Papier und Farbe inspirieren lassen, Bilder betrachten oder sich portraitieren lassen. Stoffe, Taschen und Masken und ein kleines Buchantiquariat runden das Ganze ab. Der Traumwinkel ist eine Galerie mit vielen Facetten. Lassen Sie sich inspirieren. Und lassen Sie sich überraschen. Montags bis freitags von 12 – 19 Uhr und samstags von 10 bis 15 Uhr.

Von der Leidenschaft zum Ladenlokal.

Haben Sie eine Idee, was Sie am liebsten tun würden? Wer einmal die Freude der kreativen Gestaltung erlebt hat, wird verstehen, warum ich noch mit 58 Jahren ein Geschäft eröffnet habe.

Meine Leidenschaft sind Farben und bildnerische Gestaltung, also Malerei. Wo könnten diese Leidenschaft, meine Farben und Bilder, bunte Perlen und Stoffe besser aufgehoben sein als im Wuppertaler Luisenviertel. Denn im Luisenviertel wird jeder noch so skurile Neuankömmling herzlich aufgenommen und integriert. Als im letzten Sommer ein kleines Ladenlokal in der Obergrünewalder Straße frei wurde, war ich sofort Feuer und Flamme. Da wollte ich hin.

In meiner Galerie Traumwinkel versuche ich mit kreativen, experimentellen und unkonventionellen Mitteln das umzusetzen, was mir wichtig ist. Immer versuche ich auch, meine Kundinnen, Kunden und Gäste zu inspirieren, in den Bann zu ziehen, zu begeistern. Von Perlen aus der ganzen Welt, von Bildern, von Arbeiten aus Papier, Masken, Stoffen, Büchern, von Farben, vom eigenen Portrait. Oft ergeben sich intensive und anregende Gespräche, wenn zum Beispiel eine Kundin sich selbst eine Kette, ein Armband oder einen Ring zusammenstellt. Im Traumwinkel können die Ideen sprießen, die Kreativität fließen und positive Kontakte entstehen. Einen Menschen zu portraitieren ist für mich eine ganz besondere Herausforderung. Die intensive Beschäftigung mit Gesichtzügen und Haltung, das Individuelle und Typische eines Menschen herauszuarbeiten. Meine Arbeit hat viele Gesichter.

Generell vertraue ich auf meine Fähigkeiten. Vielleicht ist das der größte Vorteil, wenn man nicht mehr ganz so jung ist. Meine Liebe zu Farben und Bildern, zur Gestaltung kreativer Dinge – von der Kette bis zum Ölgemälde – macht mir meine Arbeit leicht. Und mein handwerkliches Geschick und meine Kenntnis im Umgang mit den verschiedensten Materialien ermöglichen es mir auch, Einrichtungsgegenstände, Verpackungen und Dekorationen selbst herzustellen. Das spart dann auch noch Geld.

Die Kosten halte ich in einem überschaubaren Rahmen. Natürlich habe ich einen kleinen Flyer mit Kontaktdaten und Öffnungszeiten, aber große Werbekampagnen erspare ich mir. Meine Einnahmen fließen in der Anfangsphase zum großen Teil ins Geschäft zurück. Zum einen für optimierte Einrichtung, zum anderen will ich meine Produkte ein wenig breiter anlegen. Zum Beispiel möchte ich gern eine Lieferantin hinzunehmen, die jedes Jahr zu einer Kooperative nach Kambodscha fährt. Sie trifft sich dort mit den Seidenweberinnen, die in alter Handwerkskunst ihre traumhaft schönen und bunten Stoffe weben. Meine neue Lieferantin ist sehr der asiatischen Kultur verbunden. Ich selbst fühle mich der afrikanischen Kultur nahe. So ergänzen wir uns gut. Und alle Beteiligten profitieren von der Zusammenarbeit. Das ist mir auch wichtig.

Meine Kundinnen und Kunden möchte ich gern langfristig an den Traumwinkel binden. Denn ich lebe nicht von Laufkundschaft. Ich vertraue aber auf die Weiterempfehlung zufriedener Kundinnen und Kunden. Der Schneeballeffekt der Weiterempfehlung braucht zwar seine Zeit, aber das war mir von vornherein klar. Aber klar ist auch: Zufriedene Kundinnen und Kunden erzählen mindestens drei anderen von ihren positiven Erfahrungen.

Es gehört ein wenig Mut dazu, eigene Wege zu gehen, Selbstvertrauen zu entwickeln, auch an ruhigen Tagen gelassen zu bleiben. Denn natürlich gibt es auch bei mir Tage, an denen ich alles in Frage stelle. Aber dann sage ich mir: Mobilisiere deine Kräfte. Reflektiere deine Strategie. Lerne dazu. Und das ist sowieso eine Lebensaufgabe.

Ulrike Volkmann M. A. | Büro für Text und Konzeption | Siegesstraße 84 | 42285 Wuppertal |
Telefon 0202. 7 37 92 81 | volkmann@textvolk.de | www.textvolk.de |

Ulrike Volkmann, freiberuflich seit 1996. Entwickelt Konzeptionen und Texte für Print, Internet, Film
und Funk, Business-to-Business und für Endverbraucher. Unter anderem in den Bereichen
Unternehmenskommunikation (Image, Jubiläum etc.), Werbung (klassisch und direkt), Corporate
Publishing (Kundenmagazine, Newsletter etc.), Public Relations (PR). Verfügt über langjährige
Erfahrung, ein sicheres Sprachgefühl und vielfältige Branchenkenntnisse, bietet ein breites
Leistungsspektrum und die schnelle, zuverlässige Bearbeitung auch sehr umfangreicher Projekte.

Wie Wallenstein zum Katalysator wurde.

Oder warum es hilft, bescheiden, uneitel und diszipliniert zu sein.

„Über das Erhabene in Schillers Wallenstein" schrieb ich meine Magisterarbeit – monatelang. Heute schreibe ich unter anderem über Katalysatoren,
Chemie-Anlagen, Werkzeuge, Versicherungen, Kapitalanlagen, über Unternehmen, Produkte oder Dienstleistungen – seit mehr als 18 Jahren. Ich bin
Texterin, das heißt, das Schreiben ist mein Beruf. Damit habe ich die erste
Mindestanforderung erfüllt, die ich nach meinem Germanistik-Studium an
mich gestellt hatte. Als ich mich nach sieben Jahren als Angestellte in großen Werbeagenturen selbständig machte, formulierte ich das nächste
Minimalziel: Ich wollte als selbständige Texterin so viel Geld verdienen, dass
ich davon leben kann. Heute bin ich 12 Jahre selbständig und kann seit
12 Jahren von meinen Honoraren leben. Dass ich nicht nach den Sternen
gegriffen habe, aber stets alle Chancen ergriffen habe, hat mir dabei sicher
geholfen. „Bescheidenheit ist eine Zier, doch weiter kommt man ohne ihr",
sagte ein Unternehmensberater zu Beginn meiner freiberuflichen Tätigkeit
zu mir. Ich finde, mit bescheiden formulierten Zielen kommt man weiter.

Der eckige Ball.

Die ersten Jahre in einer großen Werbeagentur waren für mich wie eine
Lehre. Ich wurde zur Werbetexterin ausgebildet. „Learning by doing",
jeden Tag. Einfach ins kalte Wasser springen, etwas zu Papier bzw. in
den Mac bringen. Eine harte Schule, aber zugleich eine unentbehrliche
Erfahrung, denn bis heute ist Texte schreiben „learning by doing". Ich
muss einfach anfangen, auch wenn ich eigentlich nicht viel über das
Produkt weiß. Ich eigne mir ein Grundverständnis an, entwickle eine Text-

Konzeption und beginne mit dem Schreiben. Dann ist der Ball am Anfang eben eckig. Hauptsache, ich finde in den Text hinein. Habe ich dann einige Zeilen, Kapitel oder Seiten geschrieben, wird der Ball ganz automatisch rund. Was lernen nicht textende Selbständige daraus? Dass die Zeit, über den richtigen Anfang und eine gute Lösung nachzudenken, in der Regel begrenzt ist. Wer erfolgreich selbständig sein will, muss also nicht nur gut, sondern auch schnell gut sein.

Bitte lächeln!

Uneitel zu sein, ist ebenfalls von Vorteil. Denn hat man ein erstes Ergebnis hart erarbeitet, ist das für viele Kunden wie ein Aha-Erlebnis. Sie wissen meistens erst danach, was sie eigentlich wollen bzw. nicht wollen. Für mich als Texterin bedeutet das dann oftmals, völlig neue Überlegungen in ein durchdachtes, fertiges Konzept zu integrieren. Wer dann die Faust in der Tasche macht, sollte dabei stets freundlich lächeln. Diese Professionalität zu erlangen ist auch „learning by doing".

„Interessieren Sie sich für alles?"

Diese Frage stellte mir der Senior-Texter einer großen Agentur. Wer kann dazu schon ja sagen? „Nun, ich auch nicht", sagte mein damaliger Chef, aber er hatte grundsätzlich Recht. Als Kreative und als Selbständige sollten wir mit einem offenen Geist durch die Welt gehen, denn wir werden vor immer neue Herausforderungen gestellt. Für mich hieß das, mir betriebs-wirtschaftliche und steuertechnische Grundkenntnisse anzueignen, aber auch zu entscheiden, die Buchführung nicht selbst zu machen. Ich lernte, offen über Geld zu sprechen, und lernte in den Jahren meiner Selbständigkeit jeden Tag mit Freude etwas dazu. In den nunmehr 18 Jahren meiner Berufstätigkeit habe ich sicher ein großes Vertrauen in meine Fähigkeiten entwickelt. Aber bis heute empfinde ich meinen Beruf nicht als Routine. Jede Aufgabe ist eine neue Herausforderung und sollte es wohl auch bleiben. Erst diese Spannung zusammen mit einem Höchstmaß an Konzentration lässt gute Ideen, Konzepte und Texte entstehen. Das ist anstrengend, aber auch anregend und anspruchsvoll. Der Intellekt ist gefordert, unabhängig davon, wie profan der Gegenstand ist, über den ich schreibe.

Disziplin! Disziplin! Disziplin!

Dieses intensive Nachdenken hält mich übrigens auch davon ab, alle fünf Minuten zum Kühlschrank zu rennen, um mich abzulenken. Ich verfüge über ein hohes Maß an Selbstdisziplin, das heißt, ich arbeite, bis der Auftrag abgeschlossen ist. 100%ige Zuverlässigkeit ist die Mindestanforderung an alle Profis. Wer Termine nicht hält, hat sich disqualifiziert, auch wenn er fachlich noch so gut ist. Es ist eben keine Magisterarbeit, die ich als selbständige Texterin schreibe. Wallenstein war gestern, Katalysatoren sind heute. Um 15.00 Uhr ist Abgabetermin.

Sabine Wengelski-Strock | Supervisorin DGSv, Coach und Organisationsberaterin |
Lise-Meitner-Straße 1–3 | 42119 Wuppertal | Telefon 0202. 3 17 13 - 2 17 |
info@wengelski-strock-supervision.de| www.wengelski-strock-supervision.de |
wengelski-strock@moewe-seminare.de | www.moewe-seminare.de |

Perspektivwechsel: Beratung und Training in Berufs- und Arbeitswelt; Expertin für Führungsfragen
und konstruktiven Umgang mit Konflikten in Unternehmen, denn Unternehmen brauchen gute, ent-
scheidungsfreudige Führungskräfte und tatkräftige Mitarbeiter; Teamentwicklung, Leitungscoaching,
Karriereberatung; Beratung für strukturierte Organisations- und Personalentwicklung. In-House-
Angebote und offene Einzel- und Gruppenangebote.

Menschen in Bewegung finden Wege und Lösungen

Meine Produkte

Supervision – kann man das essen? So lautet die Frage von Menschen, die
außer beim Abspann im Kino noch nie mit diesem Begriff in Berührung
gekommen sind. Supervision ist eine Beratungsform, die nach dem zweiten
Weltkrieg aus dem angloamerikanischen in den deutschsprachigen Raum re-
importiert wurde. In Unternehmen des Sozial- und Gesundheitsbereichs ist
Supervision als förderliches Instrument der Personalentwicklung, Reflexion,
Entlastung und gleichzeitig der Qualitätsentwicklung und Qualitätssicherung
gut eingeführt. In Wirtschaftsunternehmen ist Supervision hierzulande bes-
ser bekannt unter dem Sammelbegriff Coaching. Supervisoren arbeiten im
Spannungsfeld von beruflicher Aufgabe, Rahmenbedingungen und den
Fähigkeiten und Möglichkeiten der jeweiligen Personen. Deswegen ist
Supervision und Coaching multidimensional, nicht therapeutisch, sondern
orientiert sich immer am beruflichen Auftrag.

Als Supervisorin bzw. Coach berate ich Einzelpersonen, Teams, Gruppen
und ganze Organisationen bzw. Firmen. Die zentrale Frage: Was brauchen
Menschen in Unternehmen und an ihren Arbeitsplätzen, damit sie gut
arbeiten und gut zusammenarbeiten können? Denn gelingende Kooperation, zielgerichtetes Arbeiten und Führungskompetenz fällt nicht vom
Himmel, sondern will genauso gut gelernt sein, wie fachliche Kenntnisse
und Fertigkeiten der jeweiligen Arbeit. Nur: In der Regel denken Menschen,
dass diese Fähigkeiten mit in die Wiege gelegt, sozusagen angeboren sind.
Aber soziale Kompetenz, Reflexionsfähigkeit und Führungsqualitäten werden gelernt, von manchen Menschen leichter als von anderen – genauso
wie Computerkenntnisse, Fremdsprachen oder anderes fachliches Wissen.
Darüber hinaus müssen sich Strukturen in Unternehmen veränderten Bedingungen der Wirtschaftswelt anpassen. Der Satz „Das haben wir doch schon

immer so gemacht!" ist eine fatale Bremse. Heute sind gedankliche Weite, Flexibilität, Kreativität und Kooperation ebenso wichtig wie gutes fachliches Geschick. Der Name meines Unternehmens ist Programm: Perspektivwechsel – denn nur so gewinnen Unternehmer und deren Mitarbeiter neue An- und Einsichten.

Mein Unternehmen

Die dauerhaften Perspektivwechsel halten auch mein Unternehmen lebendig. Als ich es vor 16 Jahren gegründet habe, habe ich nach der Startphase kaum Akquise gemacht. Die Aufträge kamen quasi von selbst. Das lag an der Marktsituation und daran, dass ich mein junges Unternehmen nicht mit Volldampf führen konnte und wollte, denn die Firma Familie forderte ebenso ihren Tribut. Beide Bedingungen haben sich mit den Jahren stark verändert. Der Markt ist enger geworden und gleichzeitig kann ich meine gesamte Kraft in mein Unternehmen stecken. Das heißt für mich auch: weiterlernen. Neben der steten fachlichen Qualifizierung ist betriebswirtschaftliches Wissen nötig. Merke: Life long learning ist auch für Supervisoren und Coachs lebens- oder besser gesagt überlebenswichtig. Den Markt beobachten, unternehmerisch denken, sinnvoll akquirieren, Kooperationen eingehen – all das wurde auch für meine Unternehmung immer wichtiger. Ohne laufenden Perspektivwechsel und flexibles Agieren und Reagieren gäbe es meine Firma sicher nicht mehr.

Meine Devise

Ende der 1990er Jahre hatte ich einen guten Kunden aus dem Gesundheitswesen. Dieser Kunde sicherte mir fast 40 % meines Umsatzes. Kommunikationstrainings, Konfliktmanagement, Kooperationsentwicklung zwischen unterschiedlichen Berufsgruppen – Aufträge für die nächsten Jahre waren mir immer sicher. Es war anfangs nicht ganz einfach, in diesem Unternehmen kommunikative Themen und Trainings zu platzieren und für wichtig zu erachten. Zusammen mit dem Geschäftsführer war mir das jedoch gelungen. Er war mit den Ergebnissen sehr zufrieden, die Mitarbeiter ebenfalls. Dann passierte etwas, womit niemand im gesamten Unternehmen gerechnet hatte: Plötzlich verstarb der Geschäftsführer. Ein junger Controller musste kommissarisch die Geschäftsleitung übernehmen, für Stellvertretung war nicht gut vorgesorgt. Das gesamte Unternehmen war paralysiert. Es wurden praktisch keine Entscheidungen mehr getroffen – und somit auch keine weiteren Aufträge an mich erteilt. Ich hatte einen wichtigen Auftraggeber verloren. Damit hatte ich nun ganz und gar nicht gerechnet.

Was war zu tun? Aus dem Fehler lernen, denn dazu sind Fehler da. Fehler lassen sich nicht vermeiden. Ohne Fehler gäbe es viele Entwicklungen nicht. Fehler eröffnen neue Möglichkeiten und Wege, die ohne diesen Irritationspunkt nicht wahrgenommen würden. Auf den ersten Blick sagt jeder, auf solche Erfahrung kann ich gut und gerne verzichten. Natürlich, angenehm ist das nicht! Aber genau und mit Abstand betrachtet, habe ich eine andere Perspektive entwickelt: Ich habe neu akquirieren gelernt. Ich verlasse mich mit meinen Umsatzerwartungen nicht zu sehr auf einen Kunden, sondern achte auf eine gute Mischung. Ich betrachte mein Unternehmen seither viel stärker auch unter betriebswirtschaftlichen Aspekten. Ich suche mir mehr und gezielter Kooperationspartner und binde mich mehr in unterschiedliche Netzwerke ein.

Meine Zukunftsperspektive

Heute bin ich mit meinem Kundenspektrum breiter aufgestellt. Aus meinen Kooperationsabsichten ist erfolgreiche Realität geworden. Ich bin inzwischen nicht nur Einzelunternehmerin mit der Firma „Perspektivwechsel", sondern ich habe im letzten Jahr eine Partnerschaft mit zwei Kolleginnen gegründet: MÖWE-SEMINARE. Diese Gründung ist eine weitere Antwort auf den sich verändernden Markt und die Erwartungen von Kunden: Zu dritt und mit einem Pool von Trainerinnen im Rücken können wir viel flexibler, gezielter und breiter auf die Notwendigkeiten in Unternehmen reagieren und unseren Kunden ein jeweils passendes Angebot machen.

© YariK

III. Unternehmensbuilder –
Ein Blick auf den Verein und die Akteure dieses Buches

Im Verein ist Business am schönsten! Der Unternehmensbuilder e.V.

Übergreifend, unkompliziert und unglaublich freundschaftlich ...
Der Verein vermittelt Kontakte zu Unternehmen und Existenzgründern.
Er tritt als Fürsprecher auf und bietet seinen Mitgliedern ein Forum für
den Erfahrungsaustausch mit etablierten Firmen in der bergischen Region.
Jedes Mitglied hat die Möglichkeit, den Verein als Plattform für eigene
Projekte und Initiativen zu nutzen. Im Gespräch mit Fachleuten aus Wirt-
schaft, Wissenschaft und Politik kann sich das eigene oder zukünftige
Unternehmen (weiter-)entwickeln.

Hier geht es nicht darum, zu glänzen, sondern zu spiegeln!
Unser Verein besteht aus Geschäftspersonen wie du und ich: Sie haben sich
selbständig gemacht und möchten ihre Erfahrungen an andere weitergeben
und von den Erfahrungen anderer profitieren – oder sie sind im Begriff, sich
selbständig zu machen, und suchen den persönlichen Austausch und nütz-
liche Inspiration.

Dazu geben wir Gelegenheit – und engagieren uns für ein professionelles
Für- und Miteinander.

Unternehmensbuilder sind wertvoll ...
Unsere Mitglieder sind erfolgreiche, einflussreiche und ehrgeizige
Unternehmer und Unternehmerinnen, die voneinander profitieren –
der Verein unterstützt bestehende und zukünftige Unternehmen.

Unternehmensbuilder sind kontaktfreudig ...
Wir tauschen uns aus: mit Fachexperten, mit Mitstreitern, mit interessanten
Leuten – der Verein fördert das regionale Netzwerk.

Unternehmensbuilder sind wegbereitend ...
Wir haben gute Kontakte zu weiteren Netzwerken, offiziellen Einrichtungen, Behörden und engagierten Vereinen – der Verein öffnet Türen.

Unternehmensbuilder sind aktiv ...
Wir organisieren Treffen, Stammtische, Seminare und Projekte – der Verein bietet ein geeignetes Forum für einen regelmäßigen persönlichen Austausch.

Unternehmensbuilder sind waschecht ...
Wir begegnen uns unkompliziert und geben uns so, wie wir sind. Bei uns kann man sich nicht blamieren – der Verein stellt den Menschen in den Mittelpunkt.

Wer nicht fragt ...
Neugierige und Interessierte wenden sich einfach an den wertvollen, kontaktfreudigen, wegbereitenden, aktiven und waschechten Vorstand des Unternehmensbuilder e. V.

Unternehmensbuilder e. V.
c/o Agentur Simon
Bertram Simon
Lise-Meitner-Straße 1–3
42119 Wuppertal

Fon 0202. 3 70 32 08
Fax 0202. 3 70 32 09
info@unternehmensbuilder.de
www.unternehmensbuilder.de

Das Team für dieses Buchprojekt …

Gelebtes professionelles Netzwerk: Verein, Organisation, Gestaltung, Lektorat und PR im starken Team.

Bertram Simon, Rita Herweg, Christa Beckers, Anke Seibel und Barbara Huber (von links nach rechts) unterstützen mit diesem Projekt – ebenfalls als Selbständige – die erfolgreiche Entwicklung eines neuen Unternehmertums.

Christa Beckers | ORGANISATION IM BÜRO
Oelingrath 24, 42855 Remscheid
Telefon 0202. 49 66 - 9 62
beckers@o-i-b.de
www.organisation-im-buero.de

Rita Herweg M. A. | Text – Korrespondenz – Lektorat – Seminare
Obergrünewalder Straße 11, 42103 Wuppertal
Telefon 0202. 2 80 10 80
rita.herweg@t-online.de
www.text-und-training.de

Barbara Huber | atelier n&h | visuelle kommunikation
Luisenstraße 102a, 42103 Wuppertal
Telefon 0202. 66 46 76
b.huber@atelier-nh.de
www.atelier-nh.de

Anke Seibel | A.S. marketing impuls
Akazienstraße 10, 42283 Wuppertal
Telefon: 0202. 94 69 97 64
info@marketing-impuls.de
www.marketing-impuls.de

Bertram Simon | Agentur Simon
Lise-Meitner-Straße 1–3, 42119 Wuppertal
Telefon 0202. 3 70 32 08
info@agentur-simon.de
www.agentur-simon.de